새벽은 종이보다 가볍다

김근희 시집

시인의 말

나비가 핀에 꽂혀 있다
태극 문양의 이 날개는 닫힌 문이다
심장에서 핀 하나를 뽑아내어도 날개는 이미 죽음이다
사방이 내 주위를 포위한다
박제된 날갯짓이 허리에서 펄럭인다
나는 아무것도 제대로 할 수 없었다
나비는 시간의 경계를 넘지 못한다
오늘은 다섯 개의 약속을 무차별로 취소했다
습관적인 그 무차별 주위를 기웃기웃 맴돌다
기대어 본다
벽이 나에게 말한다
날아가지 마라

2025년 봄

김근희

차 례

● 시인의 말

제1부

회복 ———— 10
바퀴 자국 ———— 12
높이뛰기 ———— 14
그림을 수정하다 ———— 16
길의 상상 ———— 18
끈 ———— 20
행방 ———— 22
상자의 속성 ———— 24
사월 ———— 26
절교 ———— 28
간유리 속의 나와 나의 어린 새들과 날개 ———— 30
뭉크 ———— 32
밀회 ———— 34
줄넘기 ———— 36

제2부

고사목 —— 38

탈옥 —— 40

사건번호 0 —— 41

소리를 삼켰다 —— 42

등 —— 44

나무가 걸어간다 —— 46

가위 손 —— 48

휴식 —— 50

도마질 —— 52

우리들의 언어는 공기 방울이었고 —— 54

해인신 —— 56

동백, 날다 —— 58

새벽에도 눈이 내렸다 —— 60

제3부

그리고, 저녁 ——— 64

섬 ——— 66

만조 ——— 67

조우遭遇 ——— 68

여분의 온기 ——— 70

럭키 ——— 71

화이트아웃 ——— 72

여름 사냥 ——— 74

도어락 ——— 76

실종 ——— 77

무덤 ——— 78

알을 품고 싶다 ——— 80

소 ——— 82

엄마와 나와 가죽 소파와 애인이 ——— 84

제4부

살을 만지다 —— 88

달맞이꽃 —— 90

두 무덤 —— 92

골목길 —— 94

데칼코마니 —— 95

집으로 가는 길 —— 96

CUTTING —— 98

바바리 맨 —— 100

크리넥스 —— 102

피단 —— 104

모색 —— 106

최후의 창 —— 108

안개 병동 —— 110

버려둔 바다 —— 112

김근희의 시세계 | 박대현 —— 113

제1부

회복

계절이 이어지는 길목에 다리가 있다

쿨럭이는 언덕을 무릎에 얹고서 실없이 웃어주는 나무

오랫동안 써 내려간 이력서가 하얗게 지워져도 그냥 살아

가면을 부비며 세수를 하고 화장을 덧칠하다

질문처럼 터지는 꽃들의 행렬에 현기증을 일으켜

봄을 건디기는 기억을 뒤적이는 일만큼 어려운데

나무는 꽃의 의미로 봄을 살아 내는가

햇살 쏟아지는 날 선 시선 사이로 펄럭이는 신호들

목젖 깊은 곳에서 건져낸 붉은 뼈 흔들리는 입술

몸 안에 창을 가꾸던 사람이 벽을 더듬어 기어오르다

허공이란 마음을 마음대로 풀어낼 무렵

풍경 언저리를 물고 있던 꽃 무리가 소 떼처럼 꺼이꺼이 울다

꽉 찬 새 떼로 사라진 뒤

씨앗만큼 깊어진 계곡은 아는 길, 아는 사람의 길

우두커니 놓인 다리는 내 것이 아니다

새가 날아간다

벗어버린 가면들이 꽃무덤을 쌓다 이내 흩어지는

거듭된 노동이 백지로 남아 있다

바퀴 자국

   저 트럭은 폐타이어를 싣고 간다

   영구차가 마지막 택배물을 싣고 가는 것이다

   심장이 터져나가도록 옭아맨 끈이 아직은 쓸모 있음을 보여주듯
   마감한 생들은 가지런히, 아버지의 아버지처럼 포개어져 어딘가로 옮겨지고 있다

   신작로에서는 속도가 점점 느려져도 괜찮을는지
   액셀러레이터 사선 위를 유유히 굴러가는 폐타이어들

   경배하고 누군가는 추억할 것이다

   쓰러져버린 시시포스는 바위를 내던지고 바퀴를 달았을까

   반복된 하루는 굳은살이 없어
   아버지는 반들반들한 아기살을 뭉개어 새로운 시시포스

를 낳고 있는 것이다

   발바닥이 녹아 길을 낼 때까지

   공터에 서면 햇살의 무게로 팬 회초리 자국이 선명하다

   바퀴가 오래전부터 파고든 상처의 골을 끌어안고 허공에 땅을 던진다

   그것으로 충분한 구원이다

높이뛰기

신발이 버려져 있다

고인 빗물에 멈춰버린 착지
말문을 닫고 우물우물 뭔가를 궁리하는데

폭우에 떠밀려 여기까지 왔나
간판들이 빼곡히 들어선 새벽 거리를
이름도 없이 서성이던 맨발은 어디로 갔나
비는 쏟아져 무엇이든 삼켜버릴 포효 속에서
인기척이 온몸으로 감싸드는데
기억에서도 사라진, 찬란했던 순간을
이 발에 싣는다면
숨 막히게 새로운 내가 다시 한번 뛸 수 있을까

잠시 뜨겁게 사랑을 하여 넘치는 희열이 발목을 잘라
엇갈린 발걸음이 물웅덩이에 떠돌고 있다면

그리하여
또다시 높이 뛰어 네게 갈 수 있겠나 두 번 세 번….

연거푸

아, 그러나 이 커다란 신발은 길을 끌어 올린 높이로의 약속을
안간힘으로 버려버렸나

줄행랑친 내리막길 모퉁이엔
늘 검은 바지들

큰 숨 한 번이면 끊어질 허리끈에 묶이어

인부 모집 간판 아래
옹기종기 모여 있는데

하늘까지 깊게 들이마신
담배 연기 속에서

우린 모두 맨발이었다

그림을 수정하다

벽면을 뚫고 늙은 고양이가 불쑥 나타난다
툭 툭 걷어차는 말과 말
주인이 버렸다 도망친 거다 태생이 길거리다
설왕설래 말 대로 살아온 흔적이 고스란히 이 몰골을 만들었다
자리를 점령한 고양이는 액자 속에 박혀 내부를 주시한다
벽을 맞대고 그림을 그리는 나는, 사로잡힌 포획물이다
동작 하나하나, 감시하는 그놈 시선에
나이프에 찔려, 캔버스 위 낭자한 선혈
피비린내를 탐색하다 흘리는 침은
유리창을 녹여 나를 덮칠 만하다
물을 뿌리고 벽을 쳐대도 꿈쩍 않는
반 백골의 벽화

붓을 뽑아 형상 속 눈과 입을 지운다

성긴 터럭에서 울음이 묻어져 나온다

얼굴 없는 고양이가 내 캔버스 위에 얹혀 있다

생선 몇 토막을 그려 넣는다

비에 젖고 햇볕에 그을린 털 뭉치가 화폭 위에서 부스스 떨어진다

고개를 들어 창밖을 바라본다

나뭇잎의 가벼운 흔들림이 여백에 활기를 불어넣고 있다

길의 상상
― 우환을 엿보다

공간을 스윽 긋고 길이 일어선다

외길이다

선 하나로 왼쪽과 오른쪽이 멀뚱멀뚱 구분 지어진 사이,

건설은 빠르게 목표를 달성해

번들거리는 자동차 행렬이 상어 떼처럼

그 위를 치솟아 달려 나간다

어느 편으로도 기울지 않는 명쾌한 집중 곁으로

오글오글 시민들의 맹목이 행가래 치듯 길을 떠받들다

거대한 상여의 행렬을 상상하기도 한다

경사길은 허공에서 끝이 난다

어느 행성으로 날아올랐을까 절벽으로 곤두박질쳤을까

아무도 모른다

선택받은 자와 남겨진 자들 간의 금 긋기가 소문으로 흉흉할 때

  눈치 빠른 비명이 실바람 소릴 내다 봉쇄되는 곡의 소리

왼 길과 오른 길이 우왕좌왕하다

  구사일생을 꿈꾸는

  이탈자가 몽둥이세례에 자빠져도

아무도 모른다

부스럭 소리도 잠잠해진

텅 텅 텅

텅 빈 도시

지붕을 뒤집어쓴

마스크들이 입술을 실룩이다

안내 방송으로 타전되는 우상의 목소리에 울음을 전파한다

끈

실오라기 한 올을 잡는다

스웨터에서 털실을 굴려 감듯 줄줄이 흘러내리는 씨실 날실이 허리를 쓰러뜨리다 단 하나의 매듭에 간신히 일어서는

뒤돌아보지 말라고 등 떠밀린 울음이 복부 한가운데 대못처럼 박혀

만진다 배꼽을

수태의 긴장을 기억하듯 옹골차다 눌러본다 그 깊디깊은 구멍을 풀면 전속력으로 해체될 내가 무서워 동여맨 하루를 손아귀에 꽉 쥐고 산다

탯줄에서 떨어져 나간 후 수없이 매달렸던 손들은 흩어져 사라지고

두 눈에 차오르는 물이 된 길

뒤돌아 흘러가면 그 문을 다시 열 수 있을까 물그림자는 배꼽 언저리를 일렁이는데 거리는 또 무엇을 잡으려 한 방향으로 몰려가는 것일까 무리를 놓친 새가 사라진 하늘 아래 환호와 비명의 노을은 내일보다 길다

어제는 폭염을 비웃는 소나기가 성한 동아줄을 내렸다

잠시 식다 음해진 열대야 속에서
깃을 세운 불빛들이 부엽토처럼 쌓여간다

행방

새벽 4시 50분을 일으킨다 혁명처럼 여지없이

창문 너머로 튕겨 나가는 사람이 있다 우르르 바람을 싣고 어디로 가는 것일까 풀벌레가 새들을 흔들어 하루를 모의하는데 진영을 뛰어넘어 어디로 가는 것일까

죽어서도 알람알람

이국만리 알라까지를 만나 4시 50분을 환생한 유령인가 수장인 베토벤도 이제 늙어 이명처럼 촉각을 젖게 하는데 눅눅함을 도망쳐 어디로 가고 있는가

깍지 낀 생각들이 서로의 가슴에 꽃잎처럼 뜨거운 문신을 새기다

돌아선 옆구리는 말간 얼굴을 하고 "약속은 지킬 수 없어야 약속이야" 거짓말이 아닌 거짓이 되어가는 마음은 위로가 필요해 염치도 없이, 뼈에 새겨진 다짐이란 얼마나 슬퍼

서 허황한 욕심인지 그리하여 그 광휘는 영영 닿지 못할 등어리에 부스럼 정도를 남기고

  총알같이 날아가는 사람이 있다 네시 오십 분에 발톱이 찢어 새벽달을 뚫고 쫓아 나가는, 술은 되도록 적게 마실 것 사람처럼 살도록 더욱 사람일 것 말은 뱉어도 내용은 없을 것 등등의 엄중한 다짐을 쉽게 저버리며

  매일매일을 수신받다 사라지는 사람을 보았다

상자의 속성

바닥은 평편해야 무엇이든 주워 담을 수 있어
포장이라 말하지만 은닉이야

완벽한 은폐를 꿈꾼다면 질식도 불사해
그러나, 덮개는 허술한 채로 열려
무거워지는 수화물은 배송지가 없어

걸어 다니는 상자들
살아간다는 것은 속을 채우는 일
그 속엔, 서로
비슷한 필름들이 돌아가고
서로 비슷한 영상들을 비밀이라 잘라내기도 해

모서리가 흘러내려 주름을 싣는 얼굴들

돌부리에 차여 고꾸라진 날
소리 한 번 지르지 못한 아픔이
아파트 문을 열고 돌돌 말렸어

신음 소리가 방안을 돌아다니다
천장의 소음에 눈감아주는 것은
내 속을 들키고 싶지 않기 때문

채울수록 상자는 더 커져야겠지만
날이면 그 많은 옷을 벗는 것으로
제 틀을 유지해

그러나
가장 작아진 우리가 빠져나간 후
폐기된 상자의 기록들은
누가 지워줄 것인지

사월

 저거노트 수레바퀴*에 깔려 죽어야 극락에 들 수 있다고
 그 끝없는 행렬이 노을을 넘어간다
 물에 빠진 도깨비방망이가 부르르 전율하던 마지막 단말마처럼,
 벚꽃은 짖고 짖어 온 산을 울리고,
 하늘도 하얗게 질려버린 백색의 공포
 코드가 있다면 난 뽑아버리고 싶어
 '아'를 '어'로 발음하는,
 잇몸으로 얼음을 깨뜨려 버리는,
 그러다 꽃물결에 실려 둥둥 떠가는 집
 하지만 태양은 사디스트
 이내 죽음을 배양하고, 살고 싶다고
 아, 죽고 싶다고 질러대던 4월은 계곡을 따라
 주검에 주검을 더하고 있다
 산을 비틀며 꽃 무덤이 꿈틀거린다 그것은
 여자의 그리고 그 여자의 바퀴 자국이다
 속곳 바람에 끝없이 춤을 춘다 광기다
 유리창나비 한 마리 날아오른다

꽃 무게에 현기증을 일으키다 날개가 무너져 내린다

열려 있는 창문은 몇 개일까

* 저거노트juggernaut: 힌두교의 우상. 인도 신화에서 비슈누는 8개의 바퀴가 달린 거대한 수레를 탄 저거노트로 변신한다.

절교

딸이 저녁을 먹고 설거지를 합니다

달그락거리는 소리가 어둠을 건딥니다

물소리는 머리카락이 우는 소리

오늘, 바닥에 떨어진 머리카락들을 보고 딸에게 화를 냈습니다

내 것이 더 많았습니다

늙어서도 나를 버리는 유일한 증표, 유일한 침묵입니다

캄캄한 날들의 끄나풀이 되겠죠

버림받은 자의 허리에서 다시 자라나겠죠

불면을 뚫고 심연 속 바람을 훑어내겠죠

눈먼 물고기의 지느러미가 되겠죠

긴 머리카락 한 올을 집습니다 손가락에 돌돌 말린

내 몸이 허공의 가락이 되어 헤엄쳐갑니다 다행입니다

아무 곳이나 갈 수 있습니다 불행합니다

꼭 가야만 할 곳이 없습니다

통점이 없기 때문입니다

뒤엉킨 머리 뭉치가 창가를 둥둥 떠다닙니다

비가 퍼붓는 밤입니다

죽은 새가 깃털을 세우고 빨간 울음을 발톱에 말아 줍니다
머리칼이 쭈뼛 섭니다
딸이 가위로 치렁치렁한 머리를 자르기 시작합니다
왜냐고 물었습니다

간유리 속의 나와 나의 어린 새들과 날개

한 무리 새들이 허공을 그어
먹장구름이 화농처럼 흘러내려 두려웠다
버려지고 사라지는 깃털들을 겨드랑이에 매달면
새들이 떨군 둥지 하나 우연이라도 찾을 수 있을까
불투명한 유리잔 속에 당신이 있어 나는 이내
액체로 젖는다 그리하여
저녁이 올 것이다
혼자 울 것이다
액운은 운명처럼 투명해져 나를 껴입는다
틈이 없는 털옷처럼 나는,
집착과 미련을 털어 낸 저물녘이 너무나 가벼운,
내 몸을 줄곧 꿰매고 있다
처음의 날개를 간직한 새장의 문을 연다
허물이 된 살갗이 키우던 나의 병아리, 나의
어린 새들은 밤마다 열 개의 황금알을 낳고
개미와 벌과 나팔꽃 도마뱀을 낳다,
빛나던 천국이 보이는 좁은 창틈으로 날개를 전해주던 이야기

낮과 밤이 짧아지던 무렵
반쯤은 흙빛이 되어가던 오후의 식탁은
정원보다 융성해져 새는 날아가지 못한다
창문이 눈을 부릅뜨고 나를 삼키려고 해
사나운 바람 소리에 숨죽여 우는 밤
남겨진 나의 작은 병아리는 바닥으로 미끄러져 꿈은 줄행랑을 치고
창은 벽보다 두껍고 캄캄해
거머쥔 손아귀로 해를 치고 앉은 그 안위를,
엄마,
급하게 닫은 닭장 문이 엄마처럼 날아가려 해
추락을 처라한 날개는 바위를 덮쳐 뼛속보다 더
깊은 흉터를 들락거리고 있어
살의 무덤, 부재의 서식처,
간극을 비집고 들어가는 먹먹한 빛이 간유리 창에 부딪치는,
이상하게도 더듬으면 아프지가 않아

뭉크

가시 돋친 노을을 욱여넣는 목젖

비명조차 지를 수 없는 허연 동공이 하수구 속으로 소용돌이칠 때

커다란 함성은 눈을 감는다

혈흔처럼 말라가는 막다른 귀가 성대를 틀어막고서

이제 버려야 할 것은 마음인가 사람인가

지워지고 싶다
한 점으로 쓰러져
한 방울 핏물조차 삼켜버린 절명이고 싶다

울음이 구멍 속으로 쏟아진다
웃음이 더 큰 구멍에서 나를 분열시킨다

메아리, 길고 긴 미로까지 끝끝내 거둬들인
구멍투성이 가슴이다

태양은 뜨고

변기통 물을 내린다

흐물거리는 시간들이
콰르르 하수구 속으로 빨려든다

지나간 시간은
가장 슬플 때

 입술에서 항문까지 매설된 강철 배관을 순식간에 통과
한다

밀회

너를 바라보는 것은 벽의 내부를 찾기 위해서다
나를 만나기 위해서다
빤히 쳐다보다 뺨이라도 맞으면 다른 쪽을 내줄 수 있다

너를 그린 적 있었지
그 그림 속에서 나를 보고 놀란 적 있다

얼굴을 그리다 검정 크레용으로 뭉개버리곤 하던 아이는
우울을 먼저 흉내 냈고,

아직 나는 숨은 그림이다

자신을 그려낼 수 없었으므로 렘브란트와 고흐는
수많은 자화상에 골몰했다

허영과 허구가 눈과 코와 입을 먹여 살렸으므로
벽은 더욱 두꺼워져 가고

나는 헝클어진 침상을 벗어나지 못한 검은 색이다

어느 짧은 순간,
바람과 햇살과 어둠 속에서 수시로 변하는
얼룩들이 소란을 밀어내는 밤에는

천천히 몸속에 흐르는 물소리를 들을 뿐이다

그 음률 속으로 침몰한다

네 눈빛 속에 엎어진 검은 바위가
그 모든 것이 쓸리고 난 바닥을 지켜줄 수 있을 때

줄넘기

순간의 다짐이 비수가 되길

채찍이 적색 노을을 먹어간다

내일 종말이 온대도 여기를 뛰어 보기

한 치 밖 한 치 안 그 사이에 있길

아무도 끌어들이지 말기

내가 나를 넘다

숨에 숨이 미쳐가다

목걸이 터져 제자리 밟아대기

발꿈치 휘청

그래도 여전한 뜀박질 심기

사과나무 한 그루

내가 박히길

심장이 발목까지 박히길

팽팽한 바람 흩어진

모래 수렁 위

사과 한 알 피어나길

길들을 줄줄이 말아 쥐고

신나게 사라지기

제2부

고사목

사랑의 뿌리는 드러낼 수 없으나
눈빛은 여전히 뜨겁고
물관 속을 들여다보면
내륙의 벌판에는 앙상한 늑골이 거친 숨을 몰아 쉰다

말라 터진 입술은
몸속에서 일어나는 한기를 입김처럼 불고 있다

먼 길을 걸어 당도한 이 자리에서
겨울보다 먼저 도착한 바람이 있고 폭설이 있고
반복되는 절기를 지나다
하반신부터 사막이 되어가는 사람이 있다

한 번 찾은 오아시스의 계절과 계절을 왕래하던 낙타를 기억한다
부풀어 오른 물혹 하나를 어깨에 짊어지고
먼지바람 속으로 사라진 긴 속눈썹이
얼어붙은 뱃속을 응시한다

물혹은 이미 고인 채, 썩은 물인지 모른다
그것조차 구걸하지 않겠다

살아간다는 것은
허물어지기 직전의 골조를 온몸으로 껴안고
푸르고 푸른 얼굴들이 모래가 되어 되살아나는 것

하지만, 불모지에서도 우기는
남쪽으로부터 밀려오고
빗물은 낮은 곳부터 스며들기 마련이다

발끝에 물기가 느껴진다

탈옥

　주차장을 빠져나와 도로 한 가운데 차를 세우고 콤팩트를 두드리다, 백미러 속에서 누군가 노려보고 있다 눈동자는 방금 빠져나온 나의 방 무방비를 수습하고 인간을 짜맞추던, 볼품없는 모양새를 줄곧 보고 있었겠지 그대는 나를 훔쳐보고 나는 종일토록 도망치고, 너에게서 빠져나와 오롯이 나였다가 집안에도 있고 차 안에도 있는, 그러다 우린 각자의 거울 속으로 숨어 버려, 전생까지도 칼날 같은 저 눈빛을 외면한 거야, 몸은 칼을 대지 않아도 정수리부터 발끝까지 금이 가 있어 장기들도 우글우글 숨을 쉬고 있는데, 오늘 새벽 저 불빛에 나는 외롭네 전율 같은 사랑이 와락 너를 껴안네 백미러 속의 그대, 실내등을 밝히면 이내 사라지고, 여전히 낯을 더듬는 여러 손가락 민낯까지 그려낼 수 있을까 어설픈 화장은 타인을 덧칠할 무대 립스틱이 거울을 얼버무리네 조명이 꺼지기 전 나조차 들기 힘든 은폐의 방 고립을 선택당한 서로의 이방異邦⋯ 식탁에 앉으면 의자는 삐걱거리지, 밤새 고쳐놓은 팔다리는 누구의 그림자를 출렁이게 할까 새벽빛에 찔린 사각의 백미러 철창 속을 훔쳐보는 벌거숭이, 그대는 아직 살아 있다

사건번호 0
— 페달

고등어 떼가 무너지고 있었습니다 오토바이가 튕겨 나가 명치 한복판에 브레이크 페달을 밟았습니다 정지화면은 무덤이 되었습니다 순간, 환청 같은 삿대질과 고함소리. 지느러미를 세워 액셀러레이터 급발진을 시도하고 있습니까? 밟아댔습니다 미친 듯 밟아댔습니다 계단도 밟고 지뢰도 밟았습니다 넌더리 난 나를 던져 스트라이크를 날리고 싶었나요? 빅뱅을 꿈꾸던 말간 눈알을 터트렸습니까? 정지화면을 복귀시켜 봅시다 상자를 싣고 달리던 오토바이 기세가 등등합니다 내가 밟힌 것 아닌가요? 발가락이 전속력으로 꼬물대고 있습니다 왕성한 발바닥이 가렵습니다 우향좌 좌향우가 아슬한 각도에서 들떠 있습니다 고등어와 뒤섞인 사람은 동일 인물인가요! 몸을 털며 고등어를 주섬주섬 상자에 주워 담아 걸어 나옵니다 "이거 받으세요" 쓸어 담긴 고등어 무더기처럼 복잡한 눈빛들이 절룩이는 고등어 장사를 빤히 쳐다보다 지나갑니다 아직 빙그르르 돌아가는 오토바이 바퀴 너머 차들이 속력을 내며 달려 나갑니다

소리를 삼켰다

골바람이 유리창을 세차게 두드렸다

까맣게 타버린 짐승이 발톱을 쓸며 산을 타고 내려왔는가

골짜기를 끌어안고 밤새 앓고 난 새벽녘

몸을 열고 나온 커다란 귀가 사방을 둘러본다

소리들, 다 어디로 갔는가

침묵이 삼켜낸 소음은 침묵일 수 있나

창 너머 나뭇가지도 혀가 굳었다

풍경이 하룻밤 사이, 저토록 가벼워질 수 있다니

속앓이의 절반은 들숨, 빈 유리잔의 떨림

정적을 버티는 벽이 울렁이는데

골짜기는 물컵보다 깊어진다

뒤척이는 자리에 뼈 부딪는 소리

천장을 밀어 올린다

라디오를 컨다 무심한 행동이었지만

침묵이 제자리를 살펴보는 일

속을 비운 바람이 슬그머니 제 귀를 세우고

소리의 향방을 쫓아서 간다

등

꼿꼿한 몸들이 엎어진다

영정 앞에 몸을 말고 활처럼 휘어져 있다

거꾸러진 모양은 봉분을 닮았으나 핏덩이 태아로 되돌릴 순 없겠다

여러 가지 표정이 살아 있고
상처 난 잇몸에 거짓말도 묻어 있는,

우린 이렇게 유순하게 등을 보일 수 있다

벽이었다가 등불이기도 한 등은 질편한 어둠을 뒤집어쓰기도 한다

일기장에 꾹꾹 눌러쓴 글자들이 다음 장에 새겨져도,
지구 반대편으로 얼룩져 가는 자신의 문양은 문장이 되지 못한다

사람의 그림자가 가로등 불빛 아래 부서질 때
　골목길을 돌아서 가는 그의 등이 여전히 나를 지켜볼 때

　내 등 뒤가 궁금하다

　손끝이 닿지 못한 빗장뼈 부분이 아슴아슴 눈길을 짐작
한다

　백치의 이 공간은, 나를 흡입하여 새로운 지평을 준비할
것이다

　길을 빠져나온 밤하늘이 동네를 비집고 들어온다

　구불텅한 등이 흐릿한 불빛 아래 이어져 있다

나무가 걸어간다

관음죽이 곧게 자라다 천장에 닿았다
시선을 막고 있었다
나뭇잎과 줄기를 가위로 잘라낸다
하지만, 무섭게 커가는 나무는 창밖을 바라보다
창틀 높이에서 흘러내리기 시작했다

시간은 이곳에서도 물 흐르는 소리를 내고

나는 나무에게 아무것도 해준 것이 없다
일주일에 한 번씩 물을 주었을 뿐이다

꿈을 꾸었다
나무뿌리가 입을 크게 벌려
낮에 본 창밖의 풍경들을 가만히 씹어 삼키고 있었다

나무가 삼킨 것들은 흘러 어디로 가고 있는가

나무는 천장을 이고, 우리는 나무의 생각이 궁금하고

나무와 우리가 주고받는 것처럼

낮과 밤은 얼마나 두툼하고 안락한 배경을 제공했을까

해가 지면

나의 집이 가지고픈 그윽한 그늘

그에게 침상 하나를 내어 주자

천장을 뚫을 수 없어

제 그림자를 밟고 온종일 거실을 걸어 다닌다

바닥에 누워 천장을 바라보면

수많은 그림자 잎사귀들이

잘 있으라, 손을 흔들며

창문 쪽으로 가지를 뻗어 나간다

가위 손

가까웠던 사람이라도 불현듯
마주치면 당황합니다
백화점 서점 코너에 앉았습니다
선물 포장을 기다리다 책을 펼쳤고
지식이 밑천인 그 사람이 내 곁에 앉았습니다
아니 신발을 벗어 던지고 그 속에 파묻혀 책이 되어버렸죠
당신은 지인입니까
— 예, 당신을 잘 알고 있습니다
내가 받아들이면 끌려올 용의가 있습니까
— 예, 우리에겐 즐거운 추억이 많습니다
맴도는 소용돌이는
돌멩이가 호수 바닥에 닿기까지만 살아 있습니다
겨울에 보았던 나무에 갑자기
꽃이 피면 그 나무는 내가 아는 나무가 아닙니다
당신은 거기 앉아 있지만
사라진 당신이 보이지 않습니다
 쉽게 옷을 벗지 못하는 무리들은 스스로 타인이 되어버
리죠

두꺼운 외투 속으로 빛이 들었고 바람도 불었지만

우정이란 기록들에 낯이 섭니다

그러므로 아는 척 반갑다 호들갑 떨지 않겠습니다

오른쪽 팔을 괴고, 모습을 감췄습니다

몇 페이지 넘겼던 활자들이 장벽에 벽돌 몇 개를 빼곡히 올렸습니다

완벽한 담쌓기를 시도한 것이지요

배려와 친절이란 허울 좋은 단어가

피식피식 내 몸에서 꽃을 피워대기 시작합니다

헐렁한 양말 속 연신 발가락을 꼬물대는

그 사람을 두고

그렇게 책방을 빠져나왔습니다

기침이 터져 나옵니다

휴식

　주워 온 의자입니다 돌아온 탕아처럼 불안합니다 빌려 온 애인처럼 의자는 왜 이리 안락한가요 광장엔 마차와 아낙들이 유유히 거닐고요 코펜하겐의 어느 성당 시계탑의 시곗바늘을 따라 달리기 좋은 상태입니다

　오전 내내 육체노동을 했거든요 의자에 앉으니 의자를 버린 사람이 궁금합니다 쿠션에 등을 기댄 오후가 까닭 모를 발걸음 소리를 듣고 있습니다 k는 나선형 계단을 떠올리고 끝없는 지하를 돌고 도는 계단의 눈빛과 마주칩니다

　당신은 의자입니까? 황급히 계단을 뛰어오르는, 의자가 버린 사람입니까? 뒤돌아봅니다 오늘 아침 깨버린 달걀에서 눈알들이 눈을 뜨기 시작합니다 계단이 계란말이를 하듯 내 몸을 말아 올립니다 나는 의자입니까? 탕아입니까?

　구르는 길을 따라 내가 버린 것들이 흐느끼기 시작합니다 의자가 된 올가미가 내 발목을 낚아채고 아아, 그는 입을 벌리고 웃습니다 이럴 수가 있습니까 벽을 향해 머리를 짓찧

습니다 어둠 속에 나를 팽개칩니다 그러나 이 의자는 온전
합니다 당신의 의자입니다 이제 나를 주워 오래도록 앉아서
쉬시기를 바랍니다

도마질

 다섯 개 비빔밥 그릇에 시금치를 썰어 고루 얹었습니다 너무 서두른 탓이었나요 내 머리카락도 칼질에 동강 난 채 비벼졌나 봅니다 다섯 사람의 질타가 신랄했습니다 불쾌하셨습니까 그렇다면 죄송합니다 내 칼질에 다섯 분밖에 화를 당하지 않았습니까 그렇다면 다행입니다 오후를 칼질해 당신들의 심장에 버무렸습니다 서릿발을 세워 저녁밥을 이를 갈며 지었습니다 그러니 날 용서하지 마십시오 평온한 제 낯빛은 위선인지 모릅니다 칼날은 또 누구를 향하고 있을까요 악, 손가락을 베였습니다 속죄의 의미로 착각하지 마십시오 또 실수입니다 피에서 단맛이 납니다 그 맛에 우울합니다 세상은 다디달고 단맛에 절여진 혀가 제 피 맛을 분간하지 못하기 때문입니다 먹구름이 도마 위에 길게 드러누웠습니다 첨가물이 많아 요리하고 싶지 않습니다 소낙비라도 시원하게 내렸으면 합니다 창문 밖으로 비탈길이 보입니다 떡갈나무 잎사귀들이 미친 듯 흔들립니다 사람들이 내리막을 기를 쓰고 올라옵니다 절뚝절뚝 걸음을 동강 내며 올라옵니다 내 몸에서 빠져나가는 것들이 늘고 있습니다 기억력, 탄력, 완력… 뭐 그런 것들 말입니다 그러니 제 몸의 일

부를 가만히 버려 주십시오 저는 제 살의 일부를 다시 봉합해 보겠습니다 무더진 칼날도 갈아야겠습니다

우리들의 언어는 공기 방울이었고

감성돔 손질을 시작한다
비늘을 벗겨내면 이제 너에게도
세상의 찬 공기가 가닿을 테지
꼬리에서 아가미 쪽으로 칼끝을 밀어 넣고
이제 내가 말할게
이것은 너의 뱃속 첫 번째 사내를 찾아 나선
순전히 나의 생각
이런 채근이 아니라면 무엇 때문에 그리운 사람이
네 안에 생겨날 수 있었겠니

칼 든 자의 손에 의해 감정의 찌꺼기들이
조각나고 잘려 나가고
자, 이제 너는 본색을 드러낼 순간이다
시시하게도 부레도 터져
꺼내놓은 공기 방울, 음식물 찌꺼기들 곁에
분홍색 플라스틱 통 하나를 놓아두고
네 뱃살을 가만히 구경하며
너의 죽음은 꼿꼿한 허리를 가졌구나

(미식가가 탐하는 속살을 껴안고는 한 걸음도
걷기 힘든 네가, 자정 넘어 살아 있는 참돔에서
죽은 참돔으로 다시 살아 있는 여러해살이 어류가 되어
언니의 사진 앞에 분홍 꽃처럼 울었는데
그녀 곁엔 아무도 없구나)

울음을 멈추면 버려지게 되는
오렌지껍질 벗기면서
우리들의 언어는 공기 방울이었고
우리는 쉼 없이 재잘거렸지만
말은 곧바로
세상의 공기와 뒤섞여, 미세한 파동도
사라지고 없어

아무도 우리의 말을 알아듣지 못하고

해안선

아침은 아직 멀다

잠자리는 흥건하고 악몽은 기척도 없이 새벽을 갈라쳐, 천장 아무 데나 아무 문장이나 휘갈기고 싶음이

다대포, 아픔을 봉합하기 전에 물음을 삼켜버린 짙푸른 고요

칠흑 같은 침묵 속으로 오장육부의 신경 줄을 줄줄이 풀어내고 싶었지만 바다는 긴 혀를 내밀어 이끼에 쌓인 돌들을 이리저리 밀어내고 있다

생산을 멈춘 자궁을 가진 돌멩이들

언젠가 물이었던 몸을 바다는 외면하는 것이다

해안선을 따라 한 노인이 휘적휘적 걸어가고 있다

소유한 것들을 흘려보내듯
노인은 바다 건너 불빛들을 바라본다

뭍과 물의 경계를 지워버린
이 새벽은 종이보다 가볍길 바랄 뿐이다

물거품에서 사람의 냄새가 스며 오른다

나머지의 함성 나머지의 바다 그리고
거울을 흘러내린 빗장뼈에 마른 소금기

아직 여기 있으라, 파도는 돌들을 휘감다
여명 속으로 사라진다

힐끔 돌아보는, 젖은 시선이 흔들리고

흔하디흔한 내가 걸어가고 있다

동백, 날다

유리 조각에 찔려 피가 흐른다
하얀 살갗이 한갓 싸개로 덮고 있었다

겉과 속이 다른 몸에서 새빨간 거짓말이 새어 나왔나

심장은 아픔이 지루하다

제 혈관을 찾으려 마르지도 않는 피톨들은 아린 역사를 써 내려 가
먹먹한 체온, 젖을 물리며 하얀 피 하얀 피 읊조리던 젊은 날은
최상의 뜨락에 꽃을 피웠다

허상이 허무를 배우게 하고 허무가 허기질 무렵
낡고 험해지다 되살아 난 피의 분수噴水는
절명한 시인의 마른 혀를 읽는다

적신호의 점멸이 외줄을 타고 휘영청 흔들린다

몸을 맡긴 일 초 후는 장난처럼 가벼워야 해

떨어지고 떨어져 굳어져 간 땅은 안간힘을 쓰지 않는다

느슨해진 꽃술이 자신의 무게가 너무도 버거울 때
비상을 꿈꾸는 어지럼은 비로소 노을 속으로 번져 나간다

만개한 환영을 보는 것이다

아픔을 내린 상처들이 사막을 적시는 별들의 곡예를 그리며 간다

기대어, 물드는 결의 직조

피의 고백을 건져 올린다

새벽에도 눈이 내렸다

새를 날려야 하는 데 눈이 내린다
새는 밤눈이 어두운데 이런 밤에 눈마저 내리면
구름은 눈먼 날개를 단 짐승이 된다

손발을 벌벌 떨면서도 다다르지 못한
세상 끝에서도 눈발은 쏟아져
나는 너를 쉬게 해줄게
한 번의 입김에 몸을 녹이는
말 잘 듣는 너에게 너를 박찰 채찍을 쥐어줄게

눈 그친 저녁이 오면
땅 위에 드리운 것들이 스스로를 감추어 간다
흩날리던 발자국도
파랗게 언 새 울음도

먹장구름이 얼어붙은 전선에 걸려 있다
눈보라가 혈관 속을 휘몰아친다
악몽 속에 어슬렁거리던 눈사람이 육신을 두고 사라져

새벽에도 눈이 내렸다
떠나간 자의 넋은 한바탕 통곡으로 돌아설 수 있나

맑게 갬을 바라는 눈시울 속에서도
가슴팍을 떠나
짐짝처럼 나뒹구는 구름
하지만 허공을 점령한 것은 너뿐이다

공원에서 바라본 눈송이는 제 몸뚱이보다
커다란 검은 구름을 이고 있다
그림자인 듯, 넋인 듯, 그 배후인 듯

까닭 없이 보이는 것에게 까닭을 물을 순 없다

강요하지 않고 보여지는 눈송이들
절망도 없이 나를 주저앉히는,
쓰러진 날들이 생의 대가로 게워내는 구름

제3부

그리고, 저녁

    2022년 4월 10일 아침 식단은 맑은 소고깃국 보리밥 메추리알 장조림 배추 나물이었다 요양병원 503호 냉장고 옆에 자리한 창길이 할아버지는 죽 대신 밥을 달라고 성화를 부렸다 벽면에 누워 창밖만 바라보는 청년이 있었다 벚꽃이 만발해 있었다 해맑게 웃는 얼굴은 형광 불빛 아래 창백했다 그는 감자 사라다를 좋아했다 나도 감자 사라다를 좋아한다 밥그릇에 한가득 샐러드를 담아내면 "맛있게 먹을게요" 수줍게 인사했다 그날 저녁 청년이 사라졌다

    비상구로 내려간 청년이 빗속에 목발처럼 서 있었다 꽃비를 맞고 있었다 낡은 환자복에 달라붙은 하얀 꽃잎들이 바람에 나부끼기도 했다 한동안 압박붕대에 묶여 살았다 기저귀는 신체 일부가 되었다

    무더위 장마가 젖은 가윗날을 세워 남자의 머리카락을 잘랐다
    시퍼런 두상이 침상 속에서 민둥산처럼 서럽게 울었다

보리밥 맑은 소고깃국 배추 나물이
들것 위에 실려 지하 영안실에 안치되었다

따라오지 못하는 젊음은 그대로 두고

섬

삼백육십오일 출렁이는 바다가 있다
그늘 한 점 기대지 못한 좌판을
끌어안은 사 차선 도롯가에는
도마 위를 내리치는 생선 장수
금방이라도 고기떼를 몰고 올
등 푸른 생선이다
터진 목면장갑 같은,
언 손가락이 잘릴 듯
내리치는 칼날의 번뜩임은
도시의 허영도 비애의 물거품도 토막 낸다
매연을 먹고 자란 섬이었구나
지친 얼굴에 피어나는 함지박 웃음은
곱사등이 된 바다의 아픔을 안고
한 굽이 산으로 우뚝 서 있다
바다가 어둠에 잠기면
보도블록 위에 떨어진 생선 핏자국
밟고 지날 수 없다
섬의 속살이 남긴 비린 젖을
굶주린 고양이가 핥고 있다

만조

　지하철 문이 열리고 사람들이 우르르 쏟아진다 노파가 상자 더미를 끌고 들어와 의자에 털썩 앉는다 출렁이는 키 높이만큼 마른 멸치 상자가 앞을 가로막는다 뼈째 먹혀야 할 생이 한 상자 두 상자…, 아홉 상자다 말라버린 주검의 냄새는 역하지 않다 노파의 눈썹과 상자의 높이는 수평선과 바다로 맞닿아 세상과 비로소 한 몸이다 요동치던 은빛 발광의 떼, 틈과 틈을 밀어붙이던 필사의 몸부림이 켜켜이 부둥켰다 노파가 고개를 돌리고, 마주친 전등 불빛이 흔들린다 "지금 도착하는 역은 우리나라의 유일한 도계교, 영도대교가 있는 남포, 남포 역입니다" 노파의 시선과 마주칠락 말락 그를 훔쳐보기 시작한다 너무 작은 체구, 화강암보다 강한 뼈가 뼈대 있는 가문의 것만은 아닐 테지 삭임복을 입은 얼개는 사무치는 아픔을 가늠하지 말라는 듯 완강하다 황혼은 아무도 모르게 골 속까지 붉어져, 저녁해가 뱉어낸 이 뜨거운 바닷속으로 수천수만의 멸치 떼가 상자 속을 가득 채우고 있다 이 움직이는 지하, 지하철의 공간은 거대한 뼈대를 거대한 파도로, 한 마리 멸치가 되어 자갈치를 누비다 중앙동을 흘러서 나간다

조우遭遇

씨눈 달아난 쌀 몇 되를 베란다에 말린다
포식한 쌀벌레들 날아간 자리
민달팽이 한 마리
살책박 주위를 오래도록 맴돌고 있다

바늘 햇살에 찔려도 아랑곳없이
바닥을 긋고 또 그어 끈끈한 관계를 꾀할 모양이다

얇디얇은 음률 속으로 한 소절씩의 길이 열리고 있다

마디 하나쯤 힘을 잃어도, 온몸은 살아

늦가을 서리 업고
입동에 선
두 세계의 만남
슬픔은 가까스로 위로를 받는다

상처 말리던 쌀알들 옹알거리다

폴폴 털어낸 하얀 입김이
달팽이 언 가락들을 녹이는

겨울은 엉기지 않아도 흩어지지 않는
낯섦조차 어색지 않은

그대로의 잔잔한 응시

네 노래를 듣고 있었어

겨울잠을 자도 괜찮아

여분의 온기

방안은 15℃ 자고 일어나니 16℃ 허둥대는 방을 빠져나가다 전화벨 소리에 들어간 자리는 다시 15℃

내가 데운 1℃를 갖고 나온 내가, 네가 품은 1℃를 빼앗긴 네가, 맞부딪는 파동으로 머뭇대다, 창문 너머 유독 흔들리는 한 그루 나무에 시선이 머물러

늦가을, 단풍도 들지 않은 저 나무 개나리 흐드러진 봄날이 와도 거꾸로 박혀 겨울을 견디던 저 나무 급기야 빠져나갈 영혼 몇 그램도 기꺼이 데워야 할, 여분의 온기를 저 차가운 입술에 위무하고 싶은

봄비 오던 어느 저녁 그제야 나무둥치 통통 쳐대며 주먹을 슬며시 펴 보이던 새순 몇 잎 아쉬운 기쁨이 나를 뉘우치고 싶었다

호주머니 속에 겹쳐진 체온은 늘 그 자리, 한 손이 불꽃처럼 빠져나간 남은 손은 얼어붙어, 나무에게 희미한 온기로도 다가갈 수 없었다

럭키
— 개치네쒜*

    사과를 씻다가 한 알은 접시 위에 옮겨지고, 한 알은 그만, 내동댕이쳐졌다 뒤로 넘어져도 코가 깨진, 한순간이 성한 것과 멍든 것 경계를 지었네, 경계는 신기루. 아슬아슬한 표정을 지을 것이고 스펀지처럼 무엇이든 빨아들이다 변해 갈 것이고, 와자한 시장 골목 같은 냄새를 풍기며 더욱 숙성될 것 등등의 해석을 네가 깨뜨린다면, 침묵은 비겁해, 멍울이 부딪치며 내는 비명을 화음이라 생각한 지 오래되었어, 깨진 코들, 껌딱지가 달라붙은 길바닥, 완벽한 상실이 넋 놓은 하루를 지나갈 때, 동질감에 위로받던 친구는 몰래 두 손 모아 기도하지, 그런데 사실 말이야 요행을 모으기도 전에 손가락 사이 빠져나간 거룩한 은총은 비틀대는 것들 따윈 관심이 없어, 총총거리다 노을을 슬쩍 건드리다 아득한 높이. 저 찬란 속에 에취! 재채기를 터뜨리고 있어 God bless you!

---

* 재채기를 한 뒤에 외치는 순우리말로, 이 말을 외치면 감기가 들어오지 못하고 물러간다는 말이 있다.

화이트아웃

통유리창 너머로 정원이 밀려온다

나무 곁을 서성이는 여자의 허리는 굽을 대로 굽어

누워서야 볼 수 있는 하늘 아래

백발이 펄럭이는 밭을 만들어

작별과 머지않은 이별 사이

주름살과 흐르는 땀 사이

꽃을 짓는다 부서지는 손목이 나부껴대는

다시 시작하자고, 이제 끝을 내자고

늘어진 햇살 아래 수의를 걸친 철쭉 무더기

끝없는 정적을 밟아대는 심장의 낮은 소리

꽃들에 파묻힌 노인에게 묻는다

흰, 생피를 싸매던, 흔들고 적시던 흰

죽어버린 시간들을 죽이고 싶냐고

공중의 하얀 정원은 지우고 지워 낸 손금 없는 손바닥

겹겹이 쌓아 올린 손가락 틈새 시린 빛,

아직은 그럴 수 없다고, 나의 슬픔을 너울대는 꽃잎들에 씻길 수 없다고

진분홍 철쭉과 황매화가 생동하는 옥상정원을 지나던 노인이
힐끗, 사라진다

여름 사냥

선풍기 날개는 떨어져, 회전축이 허공에 박혀 있다
살아본 적이 없으므로 죽음도 자유도 없겠다
모든 것이 정지되었다
아니다, 날개를 벗어 던지고
가파른 낭떠러지를 기어오르고 있는지 모른다
나뭇잎과 새와 꽃 무리를 거느리고 푸른 하늘을 펄럭이고 있을지도,
하지만 난, 버려진 선풍기를 데리고 집에 가고 싶다
시작도 끝도 없이 돌아가는 실성한 기계를 끌어안고 폭염을 견뎠다
몸이 결박된 채, 제자리를 맴도는 굴욕,
신들린 얼굴이 하염없이 나를 바라보고 있었다
빈집을 돌려대던 아득함 속에
내가 돌아가고 있었다
되풀이되는 계절의 한 곳
어깻죽지를 풀고 있는
나도 팽개쳐진 선풍기다
일으킨 회전의 반경은 전적으로 나의 것이므로

후텁지근한 바람이 소나기를 몰고 왔다

젖은 날개를 털고 기꺼이 펄럭인다

도어락

 문이 열리지 않는다 비밀번호가 튕겨 나온다 손톱이 부러져 나간다 연거푸 참, 어제 번호를 바꾸었지 그 식당 이름이 뭐였지 어제 점심은 뭘 먹었지 3회 이상 오류 시 자격 박탈이다 아니 거래가 정지된다 아니 무장해제다? 약속 시간 55분 전 다리미 코드는 뽑혀 있을까 열어줄까 말까 죽일까 말까 사랑할까 말까… 아니, 아니 기다려 봐 죽을힘을 짜내 봐 찌리릭 - 넌 취소다 꺼져버려! 문밖에 갇혔다 아니 문안에 버려졌다 해킹당했다 아니 전원이 꺼져 있습니다 문자를 남겨 주십시오 주민등록번호 아니 계좌번호 만족하시겠습니까 어디로 가야 하나 여기는 어딘가 고백한다 은밀한 부위를 뒤져 바닥까지 핥았다 기호들 기호들… 자동 응답한 친절한 당신이 노려보다 내 눈동자를 기억한다 행방불명된 나를 찾아내십시오 로또 당첨 번호로 전환해드리겠습니다 열쇠공을 불러야겠다 아니, 폭파해 버릴 거야 아니, 몇 번이었을까 전화기가 꺼져 있습니다 문자를 남겨주십시오 오늘이 며칠이지 사형수의 수인번호는 천국의 문을 열 수 있다

실종

   베란다에 펼쳐 둔 버섯 무더기에 장마가 젖었다 하루살이 떼가 처절했다 캄캄한 생존을 때려잡듯 버섯을 거둬 비닐봉지에 꽁꽁 싸맨다 잠시, 사라진 먹잇감 주위 뒤엉킨 무리들을 허공이 잡아먹고 있다 멀건 시야가 금세 선명해진다 두꺼워진 허공 속으로 팔을 비집어 넣는다 매미의 곡성을 '안녕'이라는 말 한마디가 삼켜버린다 날름대는 뱀의 혀를 뽑아 사랑한다 사랑한다고 메아리친 음성이 복제된다 군중들의 아우성을 핏발 선 바람이 낚아채 간다 세포를 분열하여 허기를 채우는 허공 속으로 내 숨이 매장된다 나에게선 썩어가는 버섯 냄새가 나고 아득하게 헤매던 무덤 냄새가 나고 비상도 추락도 하지 못한 하루살이의 날개 냄새를 맡으려 귀신같이 온종일 흘러 다니는 나는, 서서히 사라지고 있는 중

무덤

시멘트벽과 벽, 그 사이
해바라기 한 구具 살고 있었다

누가 여기다 꽃씨를 심었을까

벽과 벽은
무너지고 싶도록 차갑게 굳어

누가 여기다 해바라기를 묻었을까

"나는 뱅뱅 돈다 온종일 돈다.
누가 내 모가지 좀 분질러 다오"

촛농처럼 녹아내리는 땡볕의 거리를 지나

이곳까지

까맣게 타버린 씨앗이 허리 잘린 적막을 딛고

긴 목

발돋움 깎으며

여기

알을 품고 싶다

조리대 위에 던져놓은 계란 한 판
하얀 깃털이 얹힌 한 개를 떼구르 내 자궁 속으로 밀어 넣었다

둥근 머리와 동그란 발꿈치가 뱃속을 들이받는다
태동이 바닥에서 주춤일까 봐 요리조리 몸을 뒤집는 나는 암탉!

뒤뚱거리며 온 집안을 돌아다니다, 어느새 아랫목에서 알을 품는,
생생한 반원의 둥지를 끌어당긴 배꼽이 또르륵 터질 듯한 알주머니를 잡고 있다

미주알의 통증을 고스란히 거머쥐고도 혼자서는 설 수도 없는
타원의 요놈!

눈물 고인 자궁 속을 지금도 굴러다닌다

삼일 반 만에 고개 내민 아기는 달걀 머리를 하고 있었다

새끼가 그리울 때면, 산후복통을 품고 구른다

소

날 선 말이 가시가 되는 동안 귓속에선
억센 풀을 베어 넘기는 부지런한 낫질 소리
그 소리에 허둥대다 하늘을 본다

가시나무에 찔려 죽어간 새가 비가 되어 내린다
구름이 새의 장례를 치르다 여분의 울음을 흘리고 있다
그 울음을 따라 우는 소는
마음을 다쳤을 거라 생각되는데

고슴도치 가죽을 뒤집어쓴 소가 늦은 밤 되새김질하고 있다
되새김질할 때마다 경련을 일으킨다
수박씨 뱉어내듯 박힌 가시들은 쉽게 게워 낼 수 없어
몸부림치다
굳어진 혀를 몇 번이고 삼키다

꿈에 아버지를 보았다
뼈만 남은 새. 야윈 새는 깊이 감긴 눈으로 나를 알아보지

못했다
　꿈에 새를 보았다
　날개 깃털마저 듬성듬성 뽑힌 새는 입술 끝에
　허공 한 곳을 지그시 물고
　억센 풀잎을 떠올려도 보고

　꿈에
　날 선 말이 고슴도치가 되는 것을 보았다

　억센 풀을 뜯다 깜짝 놀란 소가 고슴도치 가죽을 뒤집어
쓰고

　꿈에 아버지를 보았다
　날개가 앙상한 커다란 새였다

엄마와 나와 가죽 소파와 애인이

 나 이제 애인을 버렸어요 엄마

 홀가분해 그렇다고 엄마는 아빠를 버리면 안 돼 우린 유사한 성분의 가죽을 오래도록 나눠 쓰며, 엄마, 우린 슬퍼해야 하는 거잖아 우리가 나눠 쓰는 이 가죽은 주름처럼 접을 수도 버릴 수도 있는 것이라서,

 누군가 낡은 소파 하나를 버리러나 보네

 잡초들만 우거진 길가에 헤지고 찢어진 회색 소파 하나 고아처럼 웅크리고 잠들어 있네 지난밤에 아무도 모르게 애인을 떠나보내야 했었나 보네 아주 오래 손 흔들고 싶었나 보네 나는 한 번도 안락의자나 소파가 된 적이 없었는데 문득, 저 소파에 비스듬히 앉고 싶네 등 기대고 싶네

 밤새도록 버려져서 흔드는 손

 돌아보고 싶네 엄마, 내 안에는 새를 품은 애인이 너무 많

아 나는 새소리가 시끄러워 잠 못 들고 한 마리, 두 마리, 애인을 물린 새를 날리고만 싶네

   내가 날린 새 몇 마리가 소파처럼 나란히 길가에 내려앉아 함묵증을 앓고 있네 새들이 소파처럼 길가에 나뒹굴고 엄마 저기 풀숲에 버려진 소파는 나와 애인의 연애사 줄거리를 해독하고 있는 거야 아침부터 새벽까지 소파는 새처럼 구르면서 지저귀지 않는 거야 소파도 우리처럼 슬픔에 빠진 거야 엄마, 몸 밖으로 아빠를 흔들진 마

   우린 유사한 성분의 거죽을 오래도록 나눠 쓰며 우리들의 이 가죽은 주름처럼 접을 수도 버릴 수도 있는 것이라 했었잖아 엄마

   잘 접힌 가죽만 덩그러니 남기고 그렁그렁,

   나도 엄마처럼 신음하며 웅크린 저기 짐승처럼 고아처럼 풀숲에 눌러앉은 저기 더럽기도 낡기도 한 짐승이 날 물려

고 해, 엄마 당신의 애인처럼 아빠처럼 날 버리진 마 저기 소파가 날 물려고 해

제4부

살을 만지다

불어 터진 라면 사리를 길게 건져 올린다

잉여 인간이 되지 않도록 뼈 깎은 적 없으나 살아온 그늘은 짙어

견딜 수 없는 집착과 견딜 만한 빈곤에 휘감긴 허리는
주름이 겹겹이다

저녁놀이 하루를 풀어내듯 거칠게 뻗은 두 팔이 온몸을
안아본다

살이 만지는 기억들

거꾸로 돌아가는 시곗바늘이 풍경을 그리고 지우다
무표정한 기록들만 출렁이는 집이 되었다

비대한 여인의 뒷모습엔 파도가 살아, 내 살점을
덤으로 얹어 감상하기도 하는

붉은 뒷덜미가 비곗살을 덮고 우스꽝스럽게 널브러지는 것이다

　이불을 뒤척이는 휘파람 소리, 그 골목의 긴 한숨
　지붕에 얹힌 달무리도 끈끈한 내 살이었나

어제는 종일 비바람이 불었다

폭우가 훑고 간 저 산은 앙상한 외출을 준비하는데

가을꽃은 아직도 허기가 깊어

손아귀에 힘을 주면

시린 살점은 또렷한 웃음으로 산을 터트린다

달맞이꽃

넘어질 때
길이 벌떡 일어선다

동광동 후미진 골목
성성한 발자국들마저 흩어진 빈터

고꾸라진 몸을 끌어안고 놓아주질 않는 바닥은
아름다운 흙의 무덤

콜타르에 질식한, 숨 멎은 틈새로 어쩔 수 없는 품이 물컹한,

늪이라 기어오르기만 한 진흙탕에 엎어져
결박한 웅덩이가 무너져 운다

착해서 무능했고
누군가를 구타해 본 적 없이 살아
아니, 좀 더 살아야 할 욕심이 서는 날에는

무관심이 묘약이라 여겼다

배타 당한 세상에게 노골적인 관심을 둔 꽃은
온몸으로 피워 낸 중량으로 보답은 확실하다

보잘것없음으로 한 자락 흉터를 깨우고
꽃망울 기어오른 목울대가 부풀어 올라

봄 달을 인 바닥의 긴 금 사이로

얼얼해진 손바닥이 달을 피워 올린다

두 무덤

어둠 속에서 마주친

고양이가 꼬리를 치켜들고

백지 위에 검은 줄을 긋듯이

나를 끌어당겼다.

굉음을 내듯 촉수를 꺼낸 고양이의

저, 저, 발톱,

두 배로 키운 야생에

나도 너처럼 두려움에 떨고

목구멍이 솜뭉치로 채워진 듯

답답했다

꼬리가 없는 나는 어떤 고양이인지

모르겠더라고

목소리는 나오지 않고

어둠이 두려움으로 바뀌는 기분이

고양이구나 생각했지

어둠도흔들면이른새벽이른새벽을흔들면말갛게말갛게

막힘속에열림이막힘속에열림어둠이열림속에씨앗이보이

고씨앗속에

고양이희열희열속에내꼬리내꼬리내목내목내목마름꾹꾹
눌러촉수를세운다
 길고양이 야윈 등뼈
 어둠 속에 마주친
 나와 고양이는
 꼬리를 치켜든 두 개의 무덤

골목길

  반들거리는 눈알을 감아버린 골목은 스스로 길을 잃는다 두려움에 어둠마저 까맣게 태워버린 미로, 뾰죽한 발자국 하나씩을 도려낸다 산복도로에서 바라본 불빛은 파랗게 얼어붙어 새벽을 더디게 하고, 도회 구석구석 흘러 들어간 길들이 기억의 선회를 따라 맴돌고 있다 아픔이 지류를 만들고 수천 개의 문으로 그것을 봉쇄하지 엉클어진 실타래가 목을 조일 때까지, 남쪽으로 난 쪽창 안에서 팔목에 뚜렷이 남아 있는 주사 자국, 혈관을 물어뜯는 꿈의 입구인가 출구인가 링거액에 출렁이던 현기증과 구토 여전히 좁은 길, 빙빙 도는 길, 혼미한 달빛 아래 진창, 전신주에 펄떡이는 전단지는 빈방 하나 까닭을 설명하지 못한다 의자는 다리가 없고, 뒹구는 빈 술병들 사이를 어린 시절 미로였던 불빛들이 한 마리 생쥐처럼 잽싸게 달려든다

데칼코마니

  물감을 칠한 종이를 포개놓고 짓뭉갠다면 뒤엉킨 그 자세는 뭉게뭉게 흥미가 진진한 그림이 분명하겠지만, 이런 자세만으로 사랑이라 할 수 있나 본능에 충실한 저 자세는 눈이 먼 것도, 감은 것도 아닌 데 딱딱하게 굳어 있는 여자의 팔다리가 자기의 팔다리에 맞닿아 있다 의문부호조차 필요 없는 도플갱어

  벽에 걸린 거울 속의 나와 거울 밖의 나는 거울이 그린 그림 너를 나에게서 떼어 내야지 틀을 벗어나지 못하는 그림은 우리가 원하는 사랑이 아니잖아 그럼 너는, 내 속에 채워져 있는데 보이지 않는 너를 분신이라는 의미에서나마 보여질 수 있니?

  가로세로 두 뼘 남짓한 액자 속, 권태와 나태는 늘 같은 사람이다 내 속을 들여다봐 너 하나로 채워져 있어 아무도 들어설 수 없는 거야 우리는 서로를 노려보고 거울에 비친 내 모습은 그림 속의 나무인 듯 외롭고 쓸쓸하다 거울 속의 여자와 거울 밖의 여자가 입술을 맞대고 있다

집으로 가는 길

　길이 일어섰다. 전력으로 질주하던 오토바이 한 대가 경적을 울리더니 길과 눈이 딱, 마주쳤다 총성에 놀란 꿩처럼 오토바이 한 대가 푸드덕 날아오르더니 총 맞은 꿩처럼 바닥으로 툭, 떨어졌다.

　한 사람과 오토바이 한 대가 날개를 다쳤는지 꿩, 꿩, 꿩, 나뒹굴고 바로 그때 길이 포수처럼 달려가서 총구를 후후 불듯 그를 오래 내려다보고

　비명들이 긴 긴 행렬을 이룬, 긴 긴 길 저 끝에서 하늘이 정말 있었네, 그러나 하늘은 덫에 걸린 늙은 쥐. 비를 맞고 찍찍 울고 비를 뿌리고 울고,

　비는 길을 만들고 길을 멈춰 세운 하늘의 변심일 수가 있겠네. 팔 차선 대로를 폭식 중인 짐승이라며 목 조르고 싶었는지 모르겠네.

　목줄 풀린 개가 쉿, 쉿, 쉿소리를 내며 빨간 장화를 핥고

있는데 내 집은 고무장화를 가슴까지 껴입은 이 길 저 끝에
떨어질 듯 서 있고 집안은 어두워서 오토바이도 오토바이를
탄 하느님도 발 들일 수가 없네,

    멍텅구리 하느님이 나를 따라 걷는데 나는 당신과 동행할
생각이 없습니다.

CUTTING

그는 한 손에 장갑을 끼고
다른 손에 가위를 집어 든다
하우스 문을 열고 들어서면
왁자한 꽃향기들
그와 눈빛이 마주치자
일제히 숨을 죽인다
노란 꽃은 노란 표정으로
빨간 꽃은 빨간 표정으로
그들은 똑같이
푸른 잎을 가지고 있다
어떤 것을 자를까 잠시 망설이는 순간
향기가 먼저 잘려 나간다
넘치는 사랑이 퍼부은 비타민 무기질 등등의 맑은 액체들
취한 꽃들은 쉽게 허리가 잘리고 목이 잘린다
푸른 핏물이 목면장갑에 베어든다
한 무더기 모아진 얼굴들이 화원을 나서면
선발된 설렘이 처음인 세상이다
낯선 모양의 유사한 무리들

햇살 아래 까무러치다 사라지고

눈부신 입구로 줄줄이 들어선

흐드러진 수줍음이 눈을 뜬다

소정의 선물이야 웃어야 해

오색 테잎 커팅에 몰려드는 구둣발들

이색적인 소릴 질러대며 샴페인을 터트린다

그들의 얼굴은 나보다 귀하여 더 커져 있다

시간을 와자한 흥에 팔아넘긴 손아귀들

목줄을 빼 들고 인증샷을 날린다

이름을 잊고서야 꽃이란 얼굴이다

저녁 무렵, 눈썹도 양 볼도 눈알조차 쏙쏙 뽑아낸

손은 익숙한 그 날의 손길이다

이끌리어 장례식장으로 울음을 팔러 나가도

그는 보이지 않아

바바리 맨

숲을 흔든다
두려운 소문이 밀려온다

빗방울이 사정없이 떨어뜨린 낙엽 더미 속에서
우산 아래 한 남자가 손잡이처럼 매달려 있다
자줏빛 무릎이 후들거린다
그랬지, 이 사람이지, 사람이 두고 간 이 사람이지
소문이 탈피를 시작한다 광기가 무생물로의 탈피를 시작한다
의혹과 연민은
이 사내를 수습할 수 없다

다시는 감출 수 없어,
쉴 틈 없이 발화되어야 하는 알몸뿐이다

빗줄기는 더 거세지고
내상內傷의 그늘이 물웅덩이에 번지다

나를 밀치지 마오

네 눈에 박힌 돌이 되고 싶소

흔들지 마

흔들지 마

물웅덩이가 산 아래 당신에게 될 거야

우리는

얼마나 미쳐야 낯설지 않은 모습으로

서로를 지나칠 수 있을까

젖어 드는 숲

돌멩이 부딪는 소리

크리넥스

마지막 입맞춤을 받아준 건
한 장의 티슈

짙게 색칠한 입술은 찢어지게 웃고 있었다
또 한 장을 뽑아낸다
동글게 오므린 입술은
누구든 유혹하고 싶었다

그리고 숨죽인 미결수들

순결은 불결을 흠모하여 끝없이 손을 내밀고
불결은 치부를 얼버무려 끝없이 손을 내치다

깊어지는 입속에 갇힌 채
끝내
기억해 내는
각혈, 각혈, 각혈!

텅 빈 어둠 속에 잠들지 못한 나를 누가 또 깨우려는가

속절없이 뽑히고
사정없이 버려진

단 한 장에 남은 이별

그 얇디얇은 상처에 대고
무엇을 문지를 수 있을까

피단

   길 건너 호야 언니 생각나네 주정뱅이 남편을 도망쳐 오네 시퍼런 눈자위를 어머니는 뒤웅박에 모셔 둔 생달걀을 꺼내어 어루만져 주었네

   눈망울이 눈망울에 젖어 서로를 뒹굴어 주었네
   빨간 주먹 안에 조금씩 얇아지던 껍질은 깨어지지 않았네

   목이 멘 언니를 덮어주던 야밤은 어디로 흘러갔을까
   치밀어 오른 보름달을 흩트려 검푸른 심장을 뛰게 했을까

   아무도 먹지 못한 얼룩진 달걀

   하얀 접시 위에 올려져 있네

   소금에 절인 멍울이 그렁그렁 끔뻑이는데

   지린내 나는 몸뚱이는 죽어버려!

쓸개도 녹아내린 투명한 어둠 속

그 피멍,

데굴데굴 한참을 오고 있네

진창에 몸을 섞을 수 없어 썩지도 못하는 호야가

길 건너에서 여기까지

열 걸음, 백 걸음, 일생을 굴러서 왔네

모색

송충이 한 마리가 툭 떨어진다

소나무로 오르면 될 것을
그 옆 담장으로 기어오르다
곤두박질치는 일을 되풀이한다

길 아닌 길은 절벽이고
벽이 높을수록
송충이 떨어진 솔가지는
하늘에 더 가까워진다

벽을 쌓다 벽이 되는 일, 그리고
눈먼 벽이 걸어가는 길

암전暗轉

시간이 남긴 기쁨이거나 근심의 덩어리들
오늘 나의 혀는 이미 굳었다

언젠지도 모르게 늙어버린 벽에 귀를 대보면
"나는 너를 감추고 싶지 않아"
"너도 나를 숨겨 둘 수 없어"

아무것도 아닌데
아무렇지도 않은데

벽을 관통할 수 없는 마음이 솔밭에 들어선다

송충이들이 빛나는 솔숲 아래

툭툭

내 어깨 위로 떨어진다

최후의 창

한 권의 책이 마무리될 무렵
잠들지 않는 밤은 기어이 온다

어둠을 바라보면
아무것도 빼앗기지 않은
고요 속으로
허기진 목덜미들이 걸어가고
영혼의 이곳에서 저곳
도망치다 숨은 바람벽엔
틈이 생겨
희망이거나 외로움을 살려두기도 한다

행과 행, 쉼표와 마침표
빛과 음의 여운을 담은
기억의 창
필라멘트의 저항으로도
끝내 밝아오지 않을 새벽
악몽에서 건져 낸

그 창 너머로
밤새 발목도 없이 울어대던 산짐승은
미완의 책을 두고 떠났다

사랑이, 아이가, 새가, 바람이
내 창을 무너뜨려
울다 간 뒤

스스로 살아남아 화석이 된

꿰뚫고 비추는,
너무나 뜨거워 얼음처럼 고요한
외눈 한 짝

안개 병동

　밀가루를 양푼에 가득 붓는다 어둔 길목과 자줏빛 황혼이 손아귀에서 바스러진다 하얀 가루는 감촉도 없다 모든 걸 놓을 때까지 반죽을 치는 시간들 열린 빗장으로 분수같이 퍼지는 새들이 자욱이 가라앉는다 창문 너머 회오리바람이 꽃을 흥분시킨다 안개는 늘 잔인하다 혹 격정으로 엉겨 붙은 아우성이 몸 어디에 잠복하고 있다면 넋 놓은 순간들이 파문을 쓸어 삼킨다 우린 기대하지

　안개 속을 걷다 안개가 되어가는 아름다운 길에 대하여

　상처를 털어 낸 부스러기들이 하루를 어우르고 있다 침을 섞어가며 피를 달래고 있다

　혼곤한 양수 속으로 어제를 문지른 얼룩들을 떼어 넣는다 이제야 비가 되지 못한 구름 더미를 다시 맛볼 시간. 바닥까지 훑어낸 따뜻한 수제비 한 그릇을 당신께 바친다 허락이 거부된 기억들이 둥둥 떠다닌다 박수갈채는 이미 식었다

눈물이 범벅이 되질 않게 자글자글 눈썹 사이 꽃길은 혼자여서 좋아

걸어 나갈 수 없는 사람의 길이 자욱한 입김 속에 열려 있다

버려둔 바다

한 번 놓은 붓을 잡기 어려워
캔버스 속
정지된 바다

성장을 멈춘 소나무 몇 그루와 윤곽만 그려진 고깃배,
땀으로 치댔던 코발트블루의 흔적만이
미완의 공간에 남겨져 있다

한 번씩 우린

소라의 허리를 감고 도는
나선형 울음이다

군데군데 붓을 비껴간 하늘의 여백
사이
사라진 섬이 구름처럼 둥둥 떠 있다

김근희의 시세계

허무와 우울의 정동,
혹은 멜랑콜리의 정치학

박대현

김근희의 시세계

허무와 우울의 정동, 혹은 멜랑콜리의 정치학

박대현

(문학평론가)

> 내가 삶에 적응하는 비결?
> – 나는 절망을 셔츠처럼 갈아입었다.
>
> — 에밀 시오랑

1. 불안의 정동과 그 너머

인간은 근원적으로 불안의 정동(affect)을 지닌다. 인간의 출생은 극한의 불안과 함께 시작하며, 죽음 역시 극도의 불안 속에서 마주하게 된다. 인간에게 불안은 불가피한 정동의 양태다. 진화생물학에 따르면, 불안은 자기 보존을 위해 필수적인 정동으로 간주된다. 신체 외부의 위험을 피하기 위해서는 불안 기제의 작동이 필수적이다. 인간뿐만 아니라, 모든 생명은 본질적으로 외부의 공격에 대한 불안의 정동을 지닐 수밖에 없다. 식물조차도 외부의 공격에 반응할 태세를 갖추고 있을 텐데, 그것을 광의의 개념으로서 불안이라 불러도 무방하리라. 신경계가 발달할수록 불안은 보다 먼 미래로부터 온다. 포유류 중에서도 인간의 불안은 가장 극단적이다. 언제일지 알 수 없는 먼 미래의 죽음까지 불안의 대상으로 삼는다. 신경계의 발달에 따른 미래 예측 능력의 향상이 초래한 일종의 역기능이라고 할 수 있다. 하지만 불안은 인간 사유의 근원적 동력이다. 이 세계가 불안의 정동으로 채색되는 순간, 세계와 인간 존재를 향한 근원적 사유가 발아되며, 그 사유는 필시 불안에서 비롯된 허무와 우울의 정동으로 채색되기 마련이다.

  김근희의 시는 허무와 우울을 그 자신의 본질적인 정동으로 삼는다. 그의 시는 허무와 우울이라는 정동을 단순히 고백하는 데 머물지 않고, 시인의 신체를 기반으로 한 정동들이 언어적 물질로 표현되는 시적 사태로서의 의미를 갖는다. 브라이언 마수미는 정서(emotion)와 정동(affect)을 구분한다. 정동이 신체적인 것에 가까운 것이라면, 정서는 사회언어학적으로 고정된 것이자 틀에 박힌 것에 해당한다. 정서는 인지적인 측면에 가까운 동시에 오래 지속되고 전 생애를 통해서 촉발되며, 이와 달리 정동은 일종의 신체적 현상으로서 스쳐 지나간다. 즉, 정서가 전기(biography)의 영역에 가깝다면, 정동은 생물학(biology)의 영역에 가깝다. 정서가 의미화의 시도에 포섭될 수 있는 것이라면, 정동은 의미화의 시도에 쉽게 포섭되지 않는 신체의 자질이다. 시적인 언어일수록 그러한 정동을 포획한다.* 김근희의 시는 허무와 우울의 정동이 언어를 관통함으로써 물질적 실재가 되어버린 공간이다. 그곳에서 정동은 몸을 파편화하고 공간을 밀폐하며 인간에 대한 통념 자체를 해체시킨다.

시인은 압도적인 우울과 허무의 정동에 사로잡혀 있다. 하지만 시인의 허무와 우울은 정적이지 않고 매우 동적이다. 그 형상은 「시인의 말」에서 묘파했듯이, '핀에 꽂혀 있는 나비'와도 같다. 그의 시는 "허리에서 펄럭"이는 "박제된 날갯짓"이다.(「시인의 말」) 그래서일까. 그의 박제된 신체는 선풍기의 회전축에서 읽히기도 한다.

> 선풍기 날개는 떨어져, 회전축이 허공에 박혀 있다
> 살아본 적이 없으므로 죽음도 자유도 없겠다

---

* 브라이언 마수미, 조성훈 역, 『가상계』, 갈무리, 2011, 54면, 멜리사 그레그·그레고시 시그워스 편, 최성희 외 역, 『정동이론』, 갈무리, 2015, 440-442면.

모든 것이 정지되었다

아니다, 날개를 벗어 던지고

가파른 낭떠러지를 기어오르고 있는지 모른다

나뭇잎과 새와 꽃 무리를 거느리고 푸른 하늘을 펄럭이고 있을지도,

하지만 난, 버려진 선풍기를 데리고 집에 가고 싶다

시작도 끝도 없이 돌아가는 실성한 기계를 끌어안고 폭염을 견뎠다

몸이 결박된 채, 제자리를 맴도는 굴욕,

신들린 얼굴이 하염없이 나를 바라보고 있었다

빈집을 돌려대던 아득함 속에

내가 돌아가고 있었다

되풀이되는 계절의 한 곳

어깻죽지를 풀고 있는

나도 팽개쳐진 선풍기다

일으킨 회전의 반경은 전적으로 나의 것이므로

후텁지근한 바람이 소나기를 몰고 왔다

젖은 날개를 털고 기꺼이 펄럭인다

—「여름 사냥」 전문

여름은 생명 과잉의 계절이다. 시인은 여름의 한가운데서 자신의 우울과 허무를 응시하고 있다. 우울과 허무가 점령한

시인의 신체는 부서진 선풍기라는 객관적 상관물로 드러나고 있다. "선풍기 날개는 떨어"지고 "회전축이 허공에 박혀 있"는 한여름의 선풍기. 선풍기는 "모든 것이 정지"된 상태다. 시인은 선풍기로부터 자신의 허무를 읽는다. 다행히도 선풍기는 "살아본 적이 없으므로 죽음도 자유도 없"다. 하지만 '선풍기'에는 없는 죽음과 자유가 시인에게는 이미 살처분된 상태다. 시인은 선풍기의 회전축을 바라보며 자신의 실존을 떠올린다. "날개를 벗어 던지고/ 가파른 낭떠러지를 기어오르"는 듯한 자신의 생애를. 생애는 영욕榮辱으로 가득하다. 결국 선풍기 회전축처럼 날개조차 부서지고 정지될 운명이지만, "나뭇잎과 새와 꽃 무리를 거느리고 푸른 하늘을 펄럭이"는 찬란한 '자유'도 더불어 존재한다. 하지만 인간의 자유라고 해봐야, 결국 "몸이 결박된 채, 제자리를 맴도는 굴욕"인지도 모른다. 어디에 결박된 것인가. 죽음이다. 죽음에 결박된 한 생애가 돌고 돌아, 마침내 날개가 부서지고 정지되고 만 '회전축'과 같은 존재로 전락하고 마는 것이다.

    김근희의 시는 신체에 기입된 죽음의 불안에서 비롯된 허무와 우울의 정동을 이미지화한다. 정동은 신체적인 것이다. 정동은 정신적인 자질인 동시에 신체적인 역량(potentia)으로 발현된다. 그의 시에 신체적인 통증에 대한 감각이 자주 진술되고 있다는 것은 그의 시를 지배하는 정동이 모종의 관념이 아니라 그의 신체로부터 초래되고 있다는 사실을 증명한다. 시인은 오랫동안 자기의 불안과 허무와 우울과 싸워왔다. 이 싸움의 목적은 불안과 허무와 우울을 자기의 삶으로부터 벗겨내는 것이 아니라, 오히려 그것들을 적극적으로 껴안는 것에 있다. 불안과 허무와 우울을 적극적으로 껴안는 삶의 궁극은 무엇인가. 그것에 대하여 아직 알 도리는 없다. 다만, 이 시집의 제목이 이미 암시하듯이, "뭍과 물의 경계를 지워버린/ 이 새벽"이 "종이보다 가볍길 바랄 뿐이다".(「해안선」) 그의 시적 행로 끝에 그러한 새벽이 오지 않으리라 누가 감히 말할 수 있겠는가.

2. 신체의 통증과 허무의 감각

김근희의 시는 신체의 통증을 이미지로 재현함으로써 존재의 실존적 감성을 응축하는 동시에 발산한다. 그의 시는 신체에 스며든 삶의 정동들에 대한 언어적 기록이다. 삶의 불안, 우울, 허무 등의 정동들은 자본주의적 시각에서 이미 무가치한 것들이며, 제거의 대상이다. 하지만 그것은 쉽사리 제거되지 않는다. 인간이 생물인 한, 혹은 생물의 지위를 벗어난 불멸에 가까운 존재가 된다 하더라도 말이다. 원자마저 결국 붕괴하고 마는 이 우주 속에서 한낱 인간 존재란 무엇이란 말인가. 불안과 허무는 인간이 감내하고 운명처럼 껴안아야 할 정동이다. 그러나 자본주의는 생물의 불길한 정동은 억압하고 자본화된 신체의 활력을 영생의 신화로 극대화한다. 자본 시장에서 시인은 '불행'하게도 생물의 불길한 정동에 사로잡힌 자다. 그의 언어는 생물의 불길한 정동을 길어올린다. 따라서 김근희의 시에서 '몸'은 생명으로 충만한 유기적인 전체가 아니라, 지속적으로 파편화되고 해체될 위기에 처해 있음에 따라 자신의 예정된 소멸을 자각하는 신체화된 의식에 가깝다.

시인의 의식은 신체 곳곳에 스며들어 신체 내부에서 발생하는 통증을 마주한다. "몸은 칼을 대지 않아도 정수리부터 발끝까지 금이 가 있어"(「탈옥」)라고 진술하고 있듯이, 몸은 시인의 정동이 증상으로 드러나는 장소다. 생물은 근본적으로 불안의 기미를 지닌다. 예컨대, 작은 생명체의 심장 박동은 경이롭지만 그 자체로 불안의 대상이다. 더구나 시인은 보다 예민하고 섬세한 실존 감각을 지닌 자다. 자신의 심장 박동조차 자의식의 대상이 된다. "끝없는 정적을 밟아대는 심장의 낮은 소리"(「화이트아웃」), "심장은 아픔이 지루하다"(「동백, 날다」)와 같은 문장들은 시인의 몸을 지배하는 정동의 일단一端을 드러낸다. 시인의 시는 "칠흑 같은 침묵 속으로 오장육부의 신경 줄을 줄줄이 풀어내"(「해안선」)는 언어로 이루어져 있다. 시인의 언어는 일종의 "신경 줄", 즉 신체의 뉴런과 뉴런 사이를 오가는 신경전달물질들의 언어다. 그의 언어는 신체의 세부를 훑고 지나온 통증의 감각을 지닌다. 아래 시는 시인의 신체적 감각이 통증의 형태로 드러나고 있음을 보여준다.

가시 돋친 노을을 욱여넣는 목젖

비명조차 지를 수 없는 허연 동공이 하수구 속으로 소용돌이칠 때

커다란 함성은 눈을 감는다

혈흔처럼 말라가는 막다른 귀가 성대를 틀어막고서

이제 버려야 할 것은 마음인가 사람인가

지워지고 싶다
한 점으로 쓰러져
한 방울 핏물조차 삼켜버린 절명이고 싶다

울음이 구멍 속으로 쏟아진다
웃음이 더 큰 구멍에서 나를 분열시킨다

메아리, 길고 긴 미로까지 끝끝내 거둬들인
구멍투성이 가슴이다

태양은 뜨고

변기통 물을 내린다

흐물거리는 시간들이
콰르르 하수구 속으로 빨려든다

지나간 시간은
가장 슬플 때

입술에서 항문까지 매설된 강철 배관을 순식간에 통과한다
―「뭉크」 전문

 시의 제목이 '뭉크'다. 에드바르 뭉크의 '절규'가 자연스레 환기될 만큼, 이 시는 내면의 '절규'를 신체화하고 있다. 시는 이미 첫 줄부터 "가시 돋친 노을을 욱여넣는 목젖"이라 쓰고 있다. "비명조차 지를 수 없는 허연 동공", "커다란 함성", "혈흔처럼 말라가는 막다른 귀" 등은 신체의 감각을 동통疼痛으로 이끄는 중이다. 무엇보다 신체를 통증의 감각이 지나가는 "하수구"로 표현하고 있다는 점이 인상적이다. 그러니까 이 시는 뭉크의 「절규」에 대한 시인의 신체적 해석에 해당한다. "가시 돋친 노을"이 신체를 관류하는 동통에 대한 시적 진술. 절규의 신체적 관류가 가능한 이유는 몸이 구멍으로 진술되고

있기 때문이다. "울음이 구멍 속으로 쏟아"지고 "웃음이 더 큰 구멍에서 나를 분열시"키듯이, 신체 전체는 구멍으로 이루어져 있다. 즉, 신체는 절규가 흘러가는 "하수구"다. 뭉크의 '절규'는 시인의 "흐물거리는 시간들"로 치환되어 "콰르르 하수구 속으로 빨려든다". 뭉크의 '절규'는 시인의 "지나간 시간", 즉 시인의 삶 속에서 재생된다. 그리고 그것들은 "입술에서 항문까지 매설된 강철 배관을 순식간에 통과한다".

김근희의 시에서 '몸'은 통증이 지나가는 감관이다. 따라서 시인의 존재론적 의미는 통증의 포획물로 규정될 수 있다. "벽을 맞대고 그림을 그리는 나는, 사로잡힌 포획물이다"(「그림을 수정하다」)라고 했을 때의 그 포획물 말이다. 세계는 일종의 벽이다. 벽에 부딪힐수록 통증은 신체를 파고든다. 아니, 벽을 인지한 순간부터 숨만 쉬어도 통증은 신체를 지배한다. "골짜기를 끌어안고 밤새 앓고 난 새벽녘// 몸을 열고 나온 커다란 귀가 사방을 둘러본다".(「소리를 삼켰다」) 신체의 통증은 시인에게 '귀'를 열어준다. 이전의 소리들은 모조리 사라지고 '물소리'가 들려온다. 물 흐르는 소리. 시인에게 물 흐르는 소리는 시간의 감각과 결합한다. 그것은 유한성에 처단된 몸의 소리가 아닌가. "천천히 몸속에 흐르는 물소리를 들을 뿐이다". 시인은 물소리의 "음률 속"으로 침몰한다.(「밀회」) "물소리는 머리카락이 우는 소리".(「절교」) 머리카락이 빠지는 소리조차 물소리로 치환한다. 물소리는 시간의 소리다. 생명으로 가득한 나무조차도 시간의 소리를 피할 수 없다.

하지만, 무섭게 커가는 나무는 창밖을 바라보다
창틀 높이에서 흘러내리기 시작했다

시간은 이곳에서도 물 흐르는 소리를 내고
—「나무가 걸어간다」 부분

 이 시집에서 물소리는 지배적 이미지 중 하나다. 물소리는 시간의 흐름을 내포한다. "무섭게 커가는 나무"조차도 "물 흐르는 소리"에서 자유롭지 않다. '물 흐르는 소리'는 이 시집에서 죽음의 불안을 내포할 것이다. 인간에게 시간의 궁극적 의미는 유한성이다. 인간의 시간은 죽음을 향해 나아간다. 그래서 이 시집을 관통하는 물 흐르는 소리는 유한성에서 비롯되는 불안을 함의한다. 불안은 생물에게 가해지는 엔트로피 법칙의 정동적 발현이다. 시간의 흐름을 발생시키는 과거와 미래의 차이는 엔트로피 법칙으로 이해된다.* 시간은 네겐트로피(질서도)가 감소하고 엔트로피(무질서도)가 증가하는 과정이다. 그렇다면 생물은 죽음을 피할 수 없다. 엔트로피의 최대

---

* 엔트로피의 법칙은 시간의 발생 원리를 설명하는 유일한 물리학적 법칙이다. 카를로 로벨리, 이중원 역, 『시간은 흐르지 않는다』, 쌤앤파커스, 2019, 32-33쪽.

상태, 그것은 '완전한 열적 평형 상태'로서 생물의 죽음을 의미하기 때문이다. 그러니까 생물은 엔트로피 속에서 핀 찰나의 꽃이다. 참혹한 꽃. 모든 것은 언젠가 죽는다. 그것의 직관은 시인에게는 정동적으로 '혁명'과도 같은 것이다. "새벽 4시 50분을 일으킨다 혁명처럼 여지없이// 창문 너머로 튕겨 나가는 사람이 있다", "매일매일을 수신받다 사라지는 사람을 보았다".(「행방」) 삶의 불안과 허무와 우울이 위생 처리된 세계에서 그것은 일종의 '실종'이 아닌가.

    베란다에 펼쳐 둔 버섯 무더기에 장마가 젖었다 하루살이 떼가 처절했다 캄캄한 생존을 때려잡듯 버섯을 거둬 비닐봉지에 꽁꽁 싸맨다 잠시, 사라진 먹잇감 주위 뒤엉킨 무리들을 허공이 잡아먹고 있다 멀건 시야가 금세 선명해진다 두꺼워진 허공 속으로 팔을 비집어 넣는다 매미의 곡성을 '안녕'이라는 말 한마디가 삼켜버린다 날름대는 뱀의 혀를 뽑아 사랑한다 사랑한다고 메아리친 음성이 복제된다 군중들의 아우성을 핏발 선 바람이 낚아채 간다 세포를 분열하여 허기를 채우는 허공 속으로 내 숨이 매장된다 나에게선 썩어가는 버섯 냄새가 나고 아득하게 헤매던 무덤 냄새가 나고 비상도 추락도 하지 못한 하루살이의 날개 냄새를 맡으려 귀신같이 온종일 흘러다니는 나는, 서서히 사라지고 있는 중

                                            —「실종」 전문

이 시는 생물들의 소멸을 일상적인 풍경으로 그려낸다. 이 풍경에서도 엔트로피의 법칙이 생물들에게 여지없이 가해진다. '나'는 물처럼 "온종일 흘러 다"니며, "서서히 사라지고 있는 중"이다. "하루살이 떼"처럼, 혹은 "곡성哭聲"을 토해내는 "매미"떼처럼. "세포를 분열하"며 겨우 살아내는 '나'라는 생물의 "숨"은 결국 "허공 속으로" "매장"될 것이다. '나'는 "무덤 냄새가 나고 비상도 추락도 하지 못한 하루살이의 날개 냄새를 맡으려 온종일 흘러 다니는" 존재에 지나지 않는다. 이처럼 김근희의 시는 질서 있는 유기체가 시간의 흐름을 따라 무질서한 물질로 해체되어가는 생물의 정동을 신체의 언어로 기록한다. 그 언어들은 종내 "아버지의 아버지처럼 포개어져/ 어딘가로 옮겨지"는 "마감한 생들"(「바퀴 자국」)을 마주하게 되는데, 그것은 허무와 우울의 정동에 맞닿지 않을 수 없다.

이는 그의 시에서 '허공'이 자주 묘사되는 까닭이기도 하다. "한 무리 새들이 허공을 그어/ 먹장구름이 화농처럼 흘러내려 두려웠다"(「간유리 속의 나와 나의 어린 새들과 날개」, 이하 「간유리」)라거나, "공간을 스윽 긋고" "일어선" 길이 "거대한 상여의 행렬"처럼 "허공에서 끝이 난다"(「길의 상상 ― 우환을 엿보다」)는 진술은 무엇을 말해주는가. 허공이 암시하듯 텅 빈 허무다. 이것은 삶의 "거듭된 노동이 백지로 남"(「회복」)게 되는 허무가 아닐 수 없다. "거듭된 노동"이란 도대체 무엇인가. 그것은 생명의 질서를 유지하고자 하는 인간의 반엔트로피적 투쟁이다. 그 투쟁은 끝내 필패하기 마련이어서, "액운은 운명처럼 투명해져" 모든 인간을 "껴입는다".(「간유리」) 김근희의 시는 결국 인간의 운명이란 '열적 평형'이라는 자연의 거대한 법칙에 포획될 수밖에 없다는 냉엄한 인식을 기저에 깔고 있다. 하여, 그의 시는 근본적으로 불안과 허무, 그리고 우울의 정동이 소용돌이칠 수밖에 없는 것이다.

3. 실존의 열熱과 멜랑콜리의 눈

김근희의 시는 시인의 태생적인 불안에서 비롯된 허무와 우울의 정동으로 가득하지만, 그로 인해 무기력의 질곡에 빠져들지는 않는다. 오히려 허무와 우울의 한가운데서 세계의 단단한 벽에 균열을 내기 위해 몸부림치는 듯한 저항의 기운을 읽어낼 수 있다. 그것은 정말 독특한 시적 자질이 아닐 수 없다. 그의 언어는 허무와 우울의 색채를 띠고 있지만, 매우 뜨거운 열熱을 지닌다. 그것은 허무와 우울 가운데서 세계의 공허를 바라보는 데서 비롯되는 실존의 열이다. 이러한 열성熱性을 지닌 주체를 멜랑콜리melancholia의 주체라고 부를 수 있을 것이다. 우울증이 약물 처방에 순응하는 무기력한 정신적 자질이라면, 멜랑콜리는 세계의 폐허를 정관靜觀하는 사유의 힘을 지닌 정신적 자질이다.* 세계의 폐허와 공허를 마주한다는 점에서 멜랑콜리 주체의 시선은 뜨겁다. 그 열에 시인의 혀도 화상을 입을 테지만, 시인의 열熱을 읽게 될 독자의 망막 역시 화상을 입을 정도가 아니겠는가.

> 저거노트 수레바퀴에 깔려 죽어야 극락에 들 수 있다고
> 그 끝없는 행렬이 노을을 넘어간다
> 물에 빠진 도깨비방망이가 부르르 전율하던 마지막 단말마처럼,
> 벚꽃은 짖고 짖어 온 산을 울리고,
> 하늘도 하얗게 질려버린 백색의 공포
> 코드가 있다면 난 뽑아버리고 싶어
> '아'를 '어'로 발음하는,
> 잇몸으로 얼음을 깨뜨려 버리는,
> 그러다 꽃물결에 실려 둥둥 떠가는 집
> 하지만 태양은 사디스트
> 이내 죽음을 배양하고, 살고 싶다고

---

* 멜랑콜리는 우울증(depression)이 의학용어로 사용되기 이전에 널리 사용되었던 용어다. 멜랑콜리는 부정적인 의미를 지니기도 했지만, 대체로 철학과 예술 분야에서 세계에 대한 깊은 통찰을 가능케 하는 정신적 자질로 간주된다. 예컨대, 발터 벤야민이 『독일 비애극의 원천』에서 '비애의 이론'은 '우울'한 자의 시선에 펼쳐지는 세계를 묘사하는 데서만 전개될 수 있다고 말할 정도다. 하지만 근대 의학의 우울증(depression)은 멜랑콜리를 약물 처방의 대상인 병적 자질로 추락시키고 만다. 발터 벤야민, 조만영 역, 『독일 비애극의 원천』, 새물결, 2008, 177쪽, 임진수, 『정신분석 세미나3-애도와 멜랑콜리』, 파워북, 2013, 268-269쪽 참조.

아, 죽고 싶다고 질러대던 4월은 계곡을 따라

주검에 주검을 더하고 있다

산을 비틀며 꽃 무덤이 꿈틀거린다 그것은

여자의 그리고 그 여자의 바퀴 자국이다

속곳 바람에 끝없이 춤을 춘다 광기다

유리창나비 한 마리 날아오른다

꽃 무게에 현기증을 일으키다 날개가 무너져 내린다

열려 있는 창문은 몇 개일까

―「사월」 전문

  시인은 사월의 벚꽃에서 죽음의 냄새를 맡고 있다. "단말마처럼", "노을을 넘어"가는 "끝없는 행렬"은 벚꽃을 두고 하는 말이 아닌가. 이런 종류의 상상력은 기실 읽는 이를 압도한다. '벚꽃'은 아름다우나 그 생명은 매우 짧다. 그러니 시인이 "벚꽃은 짖고 짖어 온 산을 울리고,/ 하늘도 하얗게 질려버린 백색의 공포"라고 진술하는 것일 테다. 그렇더라도 시인의 신체에 기입된 오래고 오랜 허무와 우울의 정동이 아니라면, 사월의 벚꽃에서 읽어내는 죽음의 이미지를 도저히 이해할 수 없을 것이다. 가장 아름다운 한때로부터 시인의 신체에 기입된 허무와 우울의 정동은 폭발한다. 시인은 벚꽃의 행렬을 마치 꽃상여에 빗댄다. "잇몸으로 얼음을 깨뜨려 버리는,/ 그러다 꽃물결에 실려 둥둥 떠가는 집"이라는 이미지를 보라. 지금은

흔히 볼 수 없는 '꽃상여'의 이미지가 이 시를 통해 '신체적'으로 복원되고 있다. 굳이 '신체적'이란 말을 쓴 것은 "잇몸으로 얼음을 깨뜨려 버리는,"이라는 수식 어구 때문이다. 벚꽃처럼 아름다운 사월의 '꽃상여'는 날카로운 신체적 통증을 남긴다. "잇몸으로 얼음을 깨뜨려 버리는" 통증 말이다. 죽음의 불안에서 비롯된 시인의 정동이 신체 깊숙이 저며든 것임을 이 구절만으로도 충분히 짐작할 수 있다. 시인의 불안에서 비롯된 허무와 우울은 이미 충분히 신체적인 것이다. 신체에 저며든 시인의 정동이 언어로 물질화되고 있는 것이다. 죽음은 사방 도처에 널렸다. 죽음의 근원은 '태양'이다. "태양은" "이내 죽음을 배양하"는 "사디스트"다. 태양이 길러내는 것은 벚꽃이 아니라 죽음이다. "아, 죽고 싶다고 질러대던 4월은 계곡을 따라/ 주검에 주검을 더하고 있"는 것이다. 그것은 "속곳 바람에 끝없이 춤을" 추는 "광기"와 같다. 꽃 무게를 죽음의 무게로 견디는 시인은 사월의 벚꽃 행렬을 바라보며 스스로를 "유리창 나비"에 투사한다. '유리창나비'는 그 이름처럼 투명한 날개를 가졌다. 가늘고 투명한 날개는 단단하지 못하다. 그러므로 "꽃 무게에 현기증을 일으키다 날개가 무너져 내린다". 그리고 시인은 마지막으로 묻는다. "열려 있는 창문은 몇 개일까"라고. 시인의 무너진 날개에는 여러 개의 '유리창'이 있다. 시인의 펄럭임, 언어의 광기를 통한 펄럭임은 시인의 억압된 내면을 드러내고자 하는 몸부림이 아닐 수 없다. 그 내면으로 더

깊이 들어가 보자.

    실오라기 한 올을 잡는다

    스웨터에서 털실을 굴려 감듯 줄줄이 흘러내리는 씨실 날실이 허리를 쓰러뜨리다 단 하나의 매듭에 간신히 일어서는

    뒤돌아보지 말라고 등 떠밀린 울음이 복부 한가운데 대못처럼 박혀

    만진다 배꼽을

    수태의 긴장을 기억하듯 옹골차다 눌러본다 그 깊디깊은 구멍을 풀면 전속력으로 해체될 내가 무서워 동여맨 하루를 손아귀에 꽉 쥐고 산다

    탯줄에서 떨어져 나간 후 수없이 매달렸던 손들은 흩어져 사라지고

    두 눈에 차오르는 물이 된 길

    뒤돌아 흘러가면 그 문을 다시 열 수 있을까 물그림자는 배

꼽 언저리를 일렁이는데 거리는 또 무엇을 잡으려 한 방향으로 몰려가는 것일까 무리를 놓친 새가 사라진 하늘 아래 환호와 비명의 노을은 내일보다 길다

어제는 폭염을 비웃는 소나기가 성한 동아줄을 내렸다

잠시 식다 음해진 열대야 속에서
깃을 세운 불빛들이 부엽토처럼 쌓여간다

—「끈」 전문

'끈'의 이미지는 불안의 정동과 밀접한 관련을 맺는다. 한국 설화의 '동아줄' 이미지처럼, '끈'은 자기 구원의 가느다랗지만 간절한 희망이 불안의 정동으로 신체에 저며 오는 이미지라고 할 수 있다. "실오라기 한 올"로부터 시인은 "배꼽"의 '끈'을 읽어낸다. "배꼽을" "만지"며 "수태의 긴장"을 상상적으로 "기억"하는 것이다. '배꼽'은 어머니와 시인을 연결하는 끈(탯줄)이 있었던 장소다. 그러니까 '배꼽'은 자기 존재의 근원을 지시한다. '배꼽'은 생명을 세상으로 내보낸 생물학적 증거다. 자기 존재 증명을 위해 반드시 있어야 하는 신체의 물적 증거다. 그래서 시인은 진술한다. 그것이 사라지면("그 깊디깊은 구멍을 풀면") "전속력으로 해체될 내가 무서워 동여맨 하루를 손아귀에 꽉 쥐고" 살 수밖에 없다고. '끈'(탯줄)은 '나'에게서 '어머니'로,

'어머니'에서 그 위의 '어머니'로, 다시 그 위의 '어머니'로 이어진다. 계속 연이어 올라가면, '어머니'라는 호칭은 인류의 것으로 추상화될 것이다. 그 머나먼 추상적인 인류로부터 유일한 구체성으로 남아있는 것이 '끈'(탯줄)의 흔적인 배꼽이다. '나'라는 실존의 신체성은 이 '배꼽'을 통해서라야 겨우 유지되는 것이다. 배꼽에서 배꼽으로 이어지는 탯줄은 그것이 지닌 연약함으로 인해 인간 실존의 불안을 떠올리게 하는 환유가 된다. 배꼽은 무수한 탄생의 흔적이기도 하지만, 그것의 '끈'(배꼽)에는 무수한 죽음들이 연결되어 있다. "탯줄에서 떨어져 나간 후 수없이 매달렸던 손들은 흩어져 사라지고"라는 문장을 보라. '나'에게로 이어진 인류의 배꼽들 중 대부분은 사라지고 없다. 오직 '나'의 것만이 겨우 그 형태를 유지하고 있을 뿐이다. 따라서 '배꼽', 그것은 "두 눈에 차오르는 물이 된 길"이 아닐 수 없고 "배꼽 언저리"에 "물그림자"가 "일렁이"지 않을 수 없다. 시인의 눈에 세계는 사라진 탯줄로 가득하다. "소나기"가 "성한 동아줄"을 내리는 세계의 풍경이 펼쳐진다. '소나기'가 '동아줄'이라니! 그것은 곧 죽음이 아닌가. 결국 그 모든 "동아줄"이 "깃을 세운 불빛"처럼 보일지라도 천천히 썩어가서 "부엽토처럼 쌓"일 것이다. 그리고 그 모든 것을 바라보는 멜랑콜리의 눈이 있다.

꿰뚫고 비추는,

너무나 뜨거워 얼음처럼 고요한

외눈 한 짝

— 「최후의 창」 부분

4. 생물과 사물死物의 무경계와 절망의 세계

김근희의 시에서는 몸과 무덤의 경계가 사라지고 없다. 그의 시에서 무덤은 죽음 이후의 공간이 아니라, 지금 시인이라는 생물이 거주하는 현재적 장소, 즉 몸 그 자체다. 시인은 이미 말한 바 있다. "길고양이 야윈 등뼈/ 어둠 속에 마주친/ 나와 고양이는/ 꼬리를 치켜든 두 개의 무덤"(「두 무덤」)이라고. 인간과 짐승은 살아 있는 무덤이라는 측면에서 동격이다. 모든 생물은 "살의 무덤, 부재의 서식처"(「간유리」)다. 몸이 곧 무덤이며, 그곳은 존재와 더불어 부재가 서식하는 공간이다. 자기 부재의 예기豫期 감각은 김근희의 시를 정동적으로 지배하고 있으며, 삶과 죽음의 이분법을 해체한다. 무엇보다 모든 생물의 몸을 죽음의 현재적 장소로 만든다. 생물은 '이미' 사물死物이며, 곧 몸의 무덤이다. "시멘트벽과 벽, 그 사이/ 해바라기 한 구具 살고 있었다"(「무덤」)와 같은 생물의 사물화死物化는 김근희의 시에서 더 이상 낯설지 않다.

'죽음을 향한 존재'라는 실존주의 명제는, 김근희의 시에서

"두려움에 떨고/ 목구멍이 솜뭉치로 채워진 듯"(「두 무덤」)한 "속앓이"(「소리를 삼켰다」)와 같은 정동으로 변환된다. 이것이 하이데거가 말한 '근심(Angst)'의 정동적 발현이다. 인간의 유한성에 대한 근심과 불안은 자본주의 체제로부터 배제되고 위생 처리된 끝에 시인의 심장에 달라붙는다. 김근희의 시는 죽음이 위생 처리되었다는 집단적 환각의 균열을 암시하는 시적 징후를 넘어서 자기 파괴의 욕망에까지 치닫는다. "지워지고 싶다/ 한 점으로 쓰러져/ 한 방울 핏물조차 삼켜버린 절명이고 싶다"(「뭉크」)는 고백에서 보듯이, 시인은 때로 생물의 불안 상태를 죽음으로써 해소하고자 하는 충동마저 지닌다. '열적 평형 상태'는 죽음인 동시에 열반의 상태와 다를 바 없다는 것이 프로이트의 견해 아니던가. 죽음충동은 인간의 근원적인 욕망이다. 김근희의 시는 죽음충동의 정점에 도달한 것으로 보인다. 그것은 엔트로피의 최대치, 즉 생물에서 무생물로의 열망을 내함한다.

> 살아간다는 것은
> 허물어지기 직전의 골조를 온몸으로 껴안고
> 푸르고 푸른 얼굴들이 모래가 되어 되살아나는 것
> ―「고사목」 부분

김근희의 시세계가 이토록 절망적인 이유는 그것이 어떠한 외부나 초월도 허락하지 않는 완전한 내재성(immanence)의 세계이기 때문이다. 내재성이라는 이 세계의 구조를 가장 명확하게 드러내는 상징이 바로 '창문'이다. 창문은 이 세계의 투명한 계면界面이다. 세계의 내부와 외부를 잇는 통로이자 이 세계를 넘어 다른 세계를 향한 초월의 시선과 동일시되는 상징이다. 그러나 김근희의 시에서 창문은 초월의 상징 기능에서 실패한다. 창문이라는 상징의 실패는 이 세계가 다른 세계로의 구원과 초월이 있을 수 없는 내재성의 평면(plane of immanence)을 이루고 있음을 증명하는 시적 장치가 된다. 내재성의 평면은 현실과 초월의 이분법을 부정하고 그 둘이 하나의 판(plane)에 내재한다고 보는 철학적 개념이다. 내재성의 세계에서는 신, 이데아, 피안 등과 같은 초월적 차원은 상정되지 않는다. 모든 존재와 사건은 단일한 평면 위에서 생성되고 변화하고 소멸할 뿐이다. 따라서 내재성의 세계는 현실과 초월의 이분법을 해체하고 이 세계만을 유일한 실재로 간주한다. 김근희는 이러한 내재성의 세계를 절망적으로 인식한다.

> 한 무리 새들이 허공을 그어
> 먹장구름이 화농처럼 흘러내려 두려웠다
> 버려지고 사라지는 깃털들을 겨드랑이에 매달면
> 새들이 떨군 둥지 하나 우연이라도 찾을 수 있을까
> 불투명한 유리잔 속에 당신이 있어 나는 이내

액체로 젖는다 그리하여

저녁이 올 것이다

혼자 울 것이다

액운은 운명처럼 투명해져 나를 껴입는다

틈이 없는 털옷처럼 나는,

집착과 미련을 털어 낸 저물녘이 너무나 가벼운,

내 몸을 줄곧 폐매고 있다

처음의 날개를 간직한 새장의 문을 연다

허물이 된 살갗이 키우던 나의 병아리, 나의

어린 새들은 밤마다 열 개의 황금알을 낳고

개미와 벌과 나팔꽃 도마뱀을 낳다,

빛나던 천국이 보이는 좁은 창틈으로 날개를 전해주던 이야기

낮과 밤이 짧아지던 무렵

반쯤은 흙빛이 되어가던 오후의 식탁은

정원보다 융성해져 새는 날아가지 못한다

창문이 눈을 부릅뜨고 나를 삼키려고 해

사나운 바람 소리에 숨죽여 우는 밤

남겨진 나의 작은 병아리는 바닥으로 미끄러져 꿈은 줄행랑을 치고

창은 벽보다 두껍고 캄캄해

거머쥔 손아귀로 해를 치고 앉은 그 안위를,

엄마,
급하게 닫은 닭장 문이 엄마처럼 날아가려 해
추락을 허락한 날개는 바위를 덮쳐 뼛속보다 더
깊은 흉터를 들락거리고 있어
살의 무덤, 부재의 서식처,
간극을 비집고 들어가는 먹먹한 빛이 간유리 창에 부딪치는,
이상하게도 더듬으면 아프지가 않아
　―「간유리 속의 나와 나의 어린 새들과 날개」 전문

　시인은 '새들'에게 의지하여 "허공을 그"으며 날아간다. 새의 비상은 다른 세계로의 출구를 향한 것이다. 오래고 오랜 몸의 정동, 그러니까 "하반신부터 사막이 되어가는 사람"(「고사목」)이라는 운명으로부터의 해방이다. 이 세계는 "한 무리 새들이 허공을 그"으며 날아오르자마자 "먹장구름이 화농처럼 흘러내"리고 죽음의 "액운"이 "운명처럼 투명해져 나를 껴입"는 세계다. "처음의 날개를 간직한 새장의 문"에는 동화 같은 상상계적 환상이 서려 있다. "나의/ 어린 새들은 밤마다 열 개의 황금알을 낳고/ 개미와 벌과 나팔꽃 도마뱀을 낳다,/ 빛나던 천국이 보이는 좁은 창틈으로 날개를 전해주던 이야기". 그러나 "창은 벽보다 두껍고 캄캄"하고 "추락을 허락한 날개는 바위를 덮쳐 뼛속보다 더/ 깊은 흉터를 들락거"리는 이 세계는 "살의 무덤, 부재의 서식처"에 지나지 않는다. "간유리"의

창문을 더듬어도 더 이상 아프지 않은 세계. 간유리 창은 더 이상 투과와 연결의 속성을 지니지 않을 뿐더러, 초월의 통로나 매개가 될 수 없다. 창문은 이제 "벽보다 두껍고 캄캄"한 무엇이 되어버렸다. "골바람이 유리창을 세차게 두드"리지만, 그 소리는 내부로 들어오지 못하고, "창 너머 나뭇가지도 혀가 굳"어 버린다.(「소리를 삼켰다」) 그것은 창문이 실패한 데 따른 이 세계의 실의失意가 아닌가.

바야흐로 이 세계는 완벽한 감옥이다. 창문이 외부로의 탈출구가 되지 못하고 벽이 되는 이유는, 이 세계 바깥에 '다른 세계'가 존재하지 않기 때문이다. 창문을 통해 내다본 풍경은 감옥 같은 내부의 풍경과 다르지 않은, 질적으로 동일한 내재성의 평면 위에 있을 뿐이다. 따라서 탈출이나 해방은 무의미하다. "창문 너머로 튕겨 나가는 사람이 있"지만, 그것은 구원이나 초월이 아니라 그저 "어디로 가는 것일까"라는 물음 속에 사라지는 것에 지나지 않는다.(「행방」) 결국 김근희의 시에서 창문은 초월의 불가능성을 가장 극명하게 보여주는 상징이다. 이로써 시인의 주체는 자신의 내부로 더욱 침잠할 수밖에 없다. 자신의 몸속을 천천히 흐르는 물소리를 들을 뿐이며, "그 음률 속으로 침몰"하게 된다. 초월의 가능성을 차단 당한 시적 주체는 결국 몸의 불안과 공허를 들여다보는 우울의 상태에 빠져들게 된다.

5. 멜랑콜리 주체의 심장부

김근희의 시적 주체는 상실과 허무에 의해 속이 텅 비어버린 존재, 즉 우울의 주체로 존재하기도 한다. 우울은 애도가 실패했을 경우 발생하는 병리적 증상이다. '애도'가 상실된 대상으로부터 리비도를 철회하여 새로운 대상에게 향하게 하는 정상적 과정이라면, '우울'은 상실된 대상을 자기와 동일시함으로써 발생하는 병리적 상태다. 즉 애도가 상실된 대상을 다른 대상으로 대체하는 정상적인 과정이라면, 우울은 대상 상실이 자기 상실(자아의 빈곤)로 이어지는 경우다.* 김근희의 시적 주체는 이러한 우울의 증상을 뚜렷하게 지니기도 한다.

> 걸어 다니는 상자들
> 살아간다는 것은 속을 채우는 일
> 그 속엔, 서로
> 비슷한 필름들이 돌아가고
> 서로 비슷한 영상들을 비밀이라 잘라내기도 해
>
> 모서리가 흘러내려 주름을 싣는 얼굴들
> ―「상자의 속성」 부분

---

* 지그문트 프로이트, 윤희기 외 역, 『정신분석학의 근본 개념』, 열린책들, 2003, 247쪽.

김근희는 우울의 주체를 "걸어 다니는 상자들"이라는 탁월한 은유로 포착한다. 사람은 그 자체로 의미를 지닌 존재가 아니라, 무언가를 담는 '용기(container)'에 불과하다. "살아간다는 것은 속을 채우는 일"이지만, 그 속은 "서로/ 비슷한 필름들"과 "비밀이라 잘라내기도" 하는 상실의 기억으로 채워져 있다. 주체는 능동적으로 세계를 구성하는 것이 아니라, 외부로부터 주어진 것들을 수동적으로 담아내는 상자일 뿐이다. 심지어 상자는 "모서리가 흘러내려 주름을 싣는 얼굴들"로 표현되기까지 한다. 상실은 주체의 근원적인 장소까지 점유한다. 시인의 '바다' 이미지가 그것이다. "한 번 놓은 붓을 잡기 어려워/ 캔버스 속/ 정지된 바다"(「버려둔 바다」)는 이미 상실의 공간이다. 이로써 상실은 바다라는 근원적인 장소로까지 심화되고 확장된다. 그러니 시인의 주체는 "한 번씩 우린// 소라의 허리를 감고 도는/ 나선형 울음"이라는 자기 고백을 할 수밖에 없다.

　그러나 주목해야 할 것은 김근희의 시가 자기 상실에서 비롯된 무기력의 상황에 머물지 않는다는 사실이다. 그의 시는 우울의 주체에 근거하고 있으나 그의 시적 이미지는 정적이지 않고 동적이며 차갑지 않고 뜨거운 열을 지니고 있다는 사실을 강조하지 않을 수 없다. 김근희의 시가 내재하고 있는 열熱의 언어는 생물의 불안과 허무와 우울이 지배하는 이 세계를 견디며 살아가게 하는 원천으로 작용한다. 이 시집의 서시 격에 해당하는 첫 번째 시의 제목이 「회복」임을 환기하자. "질문처럼 터지는 꽃들의 행렬에 현기증을 일으켜// 봄을 견디기는 기억을 뒤적이는 일만큼 어려운데// 나무는 꽃의 의미로 봄을 살아 내는가"라고 시인은 진술한다. 시인의 시적 주체는 "생산을 멈춘 자궁을 가진 돌멩이들"(「해안선」)이 되거나 "스스로 살아남아 화석이"(「최후의 창」) 되기까지 "살이 만지는 기억들"(「살을 만지다」)로써 이 세계를 견뎌나가고자 하는 단단한 의지를 내보인다. "살이 만지는 기억들"은 한 세계가 다른 세계를 만나는 순간이며, 우리가 살아 있다는 유일한 증거다. 이 "두 세계의 만남"을 통해서라야 "슬픔은 가까스로 위로를 받는"(「조우遭遇」) 것이다. 그 위로의 형식이 "새끼가 그리울 때면, 산후복통을 품고 구"(「알을 품고 싶다」)르는 고통일지라도 우리가 살아 있다는 증거가 아닐 수 없다.

시인은 우울의 무기력에 머물지 않고 주체와 세계의 폐허를 응시하는 멜랑콜리의 주체로의 전신轉身을 보여준다. 그가 도달한 시의 영토는 허무의 극복이 아니라 허무의 응시라고 할 수 있다. 그의 시는 우울을 치유하는 대신, 우울의 정동이 어떻게 우리의 몸과 세계를 구성하는지를 집요하게 파헤친다. 따라서 그의 시는 성공적인 애도가 될 수 없다. 데리다의 말처럼, 그것은 '불가능한 애도'로서 항상 실패를 마주하는 애도다. 애도 행위가 완결되면 자아는 제약 없는 자유의 몸이 된다. 김근희 시인은 그 길을 가지 않는다. 시인은 주체와 세계의 상실로 인한 허무와 우울은 결코 해소되지 않는다는 사실을 안다. 시인은 허무와 우울의 심연을 응시하면서 우리 모두 "맨발"(「높이뛰기」)로 "내가 나를 넘다/ 숨에 숨이 미쳐가다/ 목걸이 터져 제자리 밟아"(「줄넘기」)대듯, 이 공허한 세계 속에 스스로를 투신하기를 열망한다. 김근희의 시는 허무와 우울의 신체적 통증을 껴안으며 마침내 멜랑콜리 정치학의 심장부에 도달해 있는 것이다.

| 김근희 |

서울 출생. 2013년 『발견』으로 등단했으며, 시집으로 『외투』가 있다.
한국작가회의, 한국시인협회, 부산작가회의 회원으로 활동 중이다.

이메일 : scwindpeace@naver.com

현대시 기획선 140
새벽은 종이보다 가볍다

초판 인쇄 · 2025년 10월 10일
초판 발행 · 2025년 10월 15일
지은이 · 김근희
펴낸이 · 이선희
펴낸곳 · 한국문연
서울 서대문구 증가로29길 12-27, 101호
출판등록 1988년 3월 3일 제3-188호
편집실 | 서울 서대문구 증가로31길 39, 202호
대표전화 302-2717 | 팩스 · 6442-6053
디지털 현대시 www.koreapoem.co.kr
이메일 koreapoem@hanmail.net

ⓒ 김근희 2025
ISBN 978-89-6104-397-7 03810

값 13,000원

* 이 시집은 2025년 부산광역시, 부산문화재단 지역문화예술특성화지원사업의 지원으로
제작되었습니다.

* 잘못된 책은 바꾸어 드립니다.